SEXE ET POUVOIR

DIMITRI CASALI
SANDRINE GALLOTTA

SEXE ET POUVOIR

Secrets d'alcôves de César à DSK

Éditions de La Martinière

Une première édition illustrée de cet ouvrage, écrit en collaboration avec Antoine Auger, est parue sous le titre *Sexe et Pouvoir. Les dessous de la vie des chefs*, aux Éditions de La Martinière, en 2008. Cette édition a été revue et augmentée pour sa nouvelle publication.

ISBN : 978-2-7324-5145-9

Une marque de La Martinière Groupe, Paris, France
Connectez-vous sur
www.lamartinieregroupe.com
Dépôt légal : juin 2012

Le pouvoir du sexe

En ce début de XXIe siècle, les affaires Strauss-Kahn et les « bunga bunga » de Berlusconi confirment la permanence d'une réalité historique : le pouvoir appelle le sexe. Le premier est une arme de séduction tandis que le second devient, pour certains, le moteur même du pouvoir.

Sexe et pouvoir, même libido ?

Depuis l'Antiquité, et dans tous les systèmes politiques, sexe et pouvoir coexistent et ont toujours fait bon ménage... tant que les frasques sexuelles des rois et des chefs d'État n'étaient pas exposées à la vue de tous. Jusqu'à la fin du XXe siècle, elles se faisaient encore, le plus souvent, discrètes – même avec Kennedy, pourtant grand prédateur, ou François Mitterrand qui sut si bien garder secrète sa double vie. Néanmoins, depuis la deuxième moitié des années 1960 et l'affaire Profumo, qui enflamma la Grande-Bretagne, jusqu'aux activités sexuelles débridées d'un Berlusconi ou d'un DSK, l'histoire récente montre que les aventures extraconjugales des dirigeants peuvent avoir une sérieuse portée politique. À partir de quel moment les pulsions sexuelles dépassent-elles la raison politique ? Jusqu'où va la tolérance de l'opinion face aux écarts sexuels des hommes d'État à l'heure d'une information illimitée donnant accès aux détails les plus intimes de leur vie privée ?

Après des siècles d'inhibition et de moralisme, la libération sexuelle inaugurée dans les années 1960 a abouti à une omniprésence du sexe dans les sociétés occidentales. Cette intrusion dans la vie quotidienne n'épargne rien ni personne. Autrefois sacralisé au sein du mariage, l'acte sexuel est banalisé, voire dégradé et, même, instrumentalisé. Progressivement, les tabous tombent un à un. De part et d'autre de l'Atlantique, toutes les révélations deviennent possibles. Les hommes politiques n'échappent pas à cette utilisation du sexe, parfois brandi pour manipuler les opinions. Pompidou faillit bien en faire les frais en 1968 avec l'affaire Markovic, un coup monté aux allures de polar mêlant truands, barbouzes et stars du grand écran sur fond de parties fines.

À la fin des années 1990, les États-Unis connaissent une mini-révolution sexuelle avec l'affaire Lewinsky : dans une Amérique si souvent qualifiée de puritaine, les jeux érotiques de la jeune stagiaire de la Maison-Blanche et du président Clinton sont évoqués sans fards par tous les médias. Le mot *blowjob* (fellation) est même prononcé à la télévision ! Dans ce scandale, la révolution fut aussi médiatique : adoubé par le Congrès, qui l'utilisa pour diffuser le fameux rapport Starr – offrant du même coup au monde entier les détails des jeux sexuels du président Clinton –, Internet y acquit son statut de média à part entière. Ainsi s'ouvre la voie de la communication instantanée, à l'échelle planétaire, d'informations que la presse écrite n'aurait pas, quelques années plus tôt, osé publier.

Si l'affaire Lewinsky faillit coûter à Clinton sa fonction, le badinage sexuel du 42e président des États-Unis avec la stagiaire de la Maison-Blanche – lutinage qui émut moins les Américains que les mensonges sous serment de leur président – semble bien terne au regard des péripéties de nos dirigeants français. Alors qu'aux États-Unis la vie privée des hommes politiques est considérée comme un élément essentiel de leur capacité d'hommes d'État, les vies privées agitées de Mitterrand et de Chirac n'ont pas du tout empêché leur réélection. Peut-être les ont-elles même, dans une certaine mesure, favorisées.

François Mitterrand fut un grand séducteur : on lui prête de multiples maîtresses, d'Annie Girardot à Édith Cresson en passant par Martine Carole, Dalida, et bien sûr Anne Pingeot, celle qui resta la femme de l'ombre durant trente ans. Quant à Jacques Chirac, ses relations amoureuses réelles ou supposées avec Michèle Barzach ou la splendide Claudia Cardinale étaient considérées avec bienveillance par ses concitoyens. Valéry Giscard d'Estaing lui-même n'est pas en reste, affichant un tableau de chasse conséquent et une faiblesse pour le beau sexe qu'il revendique avec l'âge. Pour l'ancien président, le fantasme dépasse même la réalité, comme si la multiplication des conquêtes, preuve d'une certaine ardeur, permettait d'asseoir la stature de l'homme d'État au regard de l'Histoire. Une manière de s'inscrire dans une tradition française fort ancienne, lointain vestige du souvenir d'Henri IV, le « Vert Galant ».

Instrumentalisée ou masquée, la vie sexuelle des chefs d'État est une source inépuisable de fantasmes et de légendes, noires ou dorées. Mais à ce titre l'affaire DSK marque sans doute une rupture fondamentale. Inculpé pour viol à New York au mois de mai 2011, le président du FMI et candidat pressenti à l'élection présidentielle française de 2012 s'est retrouvé pris au piège de l'impitoyable machine médiatique américaine. Et les journalistes français se sont volontiers engouffrés dans cette brèche, brisant le sacro-saint respect de la vie privée qui, durant des années, préserva le même homme de sombres rumeurs. Il est vrai que, sous la Ve République, la frontière entre vie privée et vie publique avait déjà plus d'une fois bougé sur ses fondations. Certains présidents, comme Valéry Giscard d'Estaing ou Nicolas Sarkozy, n'ont pas hésité à mettre en scène leur vie personnelle tel un label publicitaire ; mais la communication autour de la vie privée n'est pas chose aisée à maîtriser. L'un et l'autre l'ont expérimenté, parfois à leurs dépens.

L'affaire DSK signe également un durcissement des mœurs de nos sociétés européennes contemporaines. Malgré l'abandon des charges par le procureur – sans que soient levés dans les faits les soupçons de viol –, l'affaire du Sofitel de New York est resté aux yeux des Français une tâche morale sur le parcours de Dominique Strauss-Kahn. Quelques mois plus tard, la surenchère de révélations sur les pratiques libertines de l'ancien directeur du FMI ont bel et bien sonné comme une condamnation morale de l'homme, privé et public, et mis fin à sa carrière politique. L'emballement médiatique autour du cas DSK montre que les mentalités sont en train de changer.

À l'heure d'une politisation des questions sexuelles dans nos démocraties – reconnaissance juridique du harcèlement sexuel, débats sur la parité, prises de position autour de la prostitution –, l'exception sexuelle française, héritage d'une longue tradition monarchique, vit peut-être ses dernières heures.

Dimitri Casali
Sandrine Gallotta

PREMIÈRE PARTIE

L'ANTIQUITÉ

Jules César

Amant de toutes les femmes, maîtresse de tous les hommes

Quel destin exceptionnel que celui de Jules César, homme politique, général et dictateur ! Dès sa naissance en l'an 100 av. J.-C., il est élevé dans la certitude de compter la déesse Vénus parmi ses ancêtres… ce qui explique peut-être qu'il ait vécu sous le signe de l'amour. Il appartient à l'une des plus anciennes familles patriciennes, la *gens* Iulia, qui tire son nom de Iule, le fils d'Énée. César se considère ainsi comme le descendant du fondateur de Rome.

César : la « courtisane de Bithynie »

Nous sommes en 80 av. J.-C. et Jules César a 20 ans. Comme Alexandre le Grand, son modèle, il rêve de gloire et d'une vie d'exception. Ses actes démontreront bientôt qu'il est prêt à tout pour assouvir son insatiable ambition.

Détaché auprès du roi de Bithynie Nicomède IV, afin d'obtenir un accord militaire très important pour Rome, le jeune officier comprend qu'une telle opportunité est la chance de sa vie. César déploie tout son charme pour réussir sa mission. Le roi oriental, séduit par les charmes athlétiques du jeune patricien romain, le fait conduire par ses gardes dans sa chambre à coucher. Là, allongé sur un

Contexte historique

L'ascension de César coïncide avec la crise politique de la République romaine dont les vieilles institutions sont incapables de gérer un empire territorial qui domine désormais toute la Méditerranée. D'abord allié aux généraux Pompée et Crassus, avec lesquels il forme un triumvirat en 60 av. J.-C., César mène, dès sa nomination comme consul deux ans plus tard, une politique ambitieuse et des plus personnelles. Entre 59 et 52 av. J.-C., il se lance dans le projet militaire de conquérir la Gaule. Il fera le récit de ses nombreux et glorieux exploits dans son célèbre ouvrage *Commentaires sur la Guerre des Gaules*. Depuis la Gaule, César prépare le renouvellement de son mandat de proconsul en 50 av. J.-C. Mais les conservateurs du Sénat, hostiles à sa candidature, exigent que César rentre à Rome en simple citoyen. Après avoir refusé d'obéir, le général franchit la rivière Rubicon, frontière entre l'Italie et la Gaule cisalpine, et marche sur Rome. Il prononce alors cette phrase restée fameuse : *Alea jacta est !* (Le sort en est jeté !). César entre à Rome avec ses légions et s'empare du gouvernement. Il poursuit ses adversaires et écrase l'armée de Pompée à la bataille de Pharsale. Il apparaît aux yeux des Romains comme un immense conquérant. César ambitionne alors de renverser la République pour devenir roi, et s'apprête à l'annoncer devant le Sénat… Ses ennemis républicains décident de réagir tant qu'il est encore temps. Le 15 mars de l'an 44 av. J.-C., aux ides de mars, ils l'assassinent en plein Sénat. Quand il aperçoit son fils adoptif, Brutus, parmi les assassins, César s'écrie : *Tu quoque mi fili* (Toi aussi mon fils) avant de s'écrouler, percé de vingt-trois coups de poignard, au pied de la statue de Pompée…

lit d'or couvert de pourpre, César aurait subi les assauts frénétiques du roi Nicomède durant toute une nuit...

Rapidement, la réputation de sodomite de César après cette aventure fait le tour de l'Empire romain. Il est considéré comme un homosexuel, un débauché, un homme efféminé tombé dans le stupre et le déshonneur. César est accusé d'impudicité : on lui reproche d'« avoir fait la femme », d'« avoir eu un rôle passif », un crime méprisable susceptible de le mettre au ban de la société romaine. En jouant le rôle dévolu à l'esclave ou au prostitué, il flétrit sa lignée familiale. Cette rumeur d'homosexualité le poursuivra des années, comme en témoignent les diatribes de ses propres soldats qui, après la conquête de la Gaule – plus de trente ans après l'événement –, chantent encore à tue-tête derrière le char qui le porte en triomphe dans les rues de Rome :

César a conquis les Gaules et Nicomède a conquis César. César triomphe aujourd'hui pour avoir soumis les Gaules et Nicomède pourtant ne triomphe pas pour avoir soumis César.

Historiens et poètes contribuent à propager la rumeur. On raconte que César, ulcéré par les plaisanteries au sujet de ses rapports avec Nicomède, protesta sous serment de son innocence. Une tentative maladroite qui le couvrit de ridicule. Pour le poète Catulle, César devient la « courtisane de Bithynie », le « Romulus inverti ». Cicéron lui-même se fait le narrateur de ses aventures : « Le descendant de Vénus a prostitué en Bithynie la primeur de son adolescence. » Ce faux pas, s'il le couvrit de ridicule, n'eut cependant pas d'incidence sur sa carrière politique...

Une ascension programmée

Après des études brillantes, César acquiert les qualités qui, tout au long de sa carrière politique, seront ses principaux atouts : conversation spirituelle et cultivée, vivacité d'esprit, don de persuasion, art de trouver les mots justes, belles manières, générosité sans retenue, savoir-vivre et un comportement toujours digne dans les banquets. L'homme est conscient de ses dons de séduction : grand, le corps bien fait, élégant, il a le teint blanc, des yeux noirs et vifs, une santé robuste. Il possède cet incroyable charisme qui fascine et en impose même à ses plus coriaces ennemis.

Dès l'âge de 15 ans, son père lui fait épouser une jeune fille de 13 ans dont l'extrême richesse permet d'oublier que cette union ressemble fort à une mésalliance car la famille de Cossutia est d'un rang inférieur à la sienne. L'année suivante est marquée par la mort de son père, l'adolescent se retrouve chef de famille. César, débarrassé de l'autorité paternelle, et certainement mû par des ambitions politiques, décide d'épouser Cornélia, la fille de Cinna, le chef du parti populaire et quatre fois consul. Après une courte année de mariage, Cossutia apprend sa répudiation par une simple lettre. Cornélia devient la deuxième femme de Jules César en 84 av. J.-C. Elle lui donnera une fille, Julia. Cette union déplaît à Sylla, l'homme le plus puissant de Rome et leader du parti aristocratique. Il s'agace des manières policées de ce jeune homme qui surgit soudain sur la scène politique, et somme les nouveaux mariés de se séparer. César refuse de se soumettre et doit se cacher. Il trouve refuge parmi les prêtresses du temple de la déesse Vesta. Après de longues tractations, les amis de César réussissent à faire fléchir Sylla qui lui permet de revenir sur le devant de la scène. Par prudence, César préfère quitter Rome. Il s'enrôle dans l'armée et prend part à sa première campagne militaire en Asie.

La quête du pouvoir absolu passe par les femmes

César, retenu par ses conquêtes militaires en Asie, voit peu son épouse. Quand il rentre sur ses terres en 73 av. J.-C., Cornélia, sa deuxième épouse, n'a plus que cinq ans à vivre. Lorsqu'elle décède, il épouse Pompéia, qui appartient à la famille de Pompée, alors consul, et auquel il souhaite apporter un soutien politique. Cette union se veut le prélude d'une alliance à plus long terme. Pourtant, il la répudiera en 61 à la suite d'un scandale qui fera grand bruit. Lors d'une fête religieuse célébrée dans la maison de César, un homme déguisé en femme aurait pénétré dans les appartements de la maîtresse des lieux et y serait resté un peu trop longtemps... Aussitôt, sous le prétexte fallacieux que « la femme de César ne doit pas même être soupçonnée », il demande le divorce. Deux ans plus tard, en 59 av. J.-C., il épouse Calpurnia, fille du consul Pison, qui aura l'heur de lui plaire et de le satisfaire jusqu'à sa mort en 44. Une union tranquille qui ne l'empêchera pas de donner libre cours à ses pulsions les plus débridées. Sa folle passion pour la reine d'Égypte, Cléopâtre, avec qui il aura un fils prénommé Césarion, n'en est qu'une illustration parmi tant d'autres.

Sans scrupules, César voit surtout dans ses contemporains des êtres qui lui permettent d'accéder à son but ultime : le pouvoir absolu. Il veut laisser son nom dans l'Histoire et va construire son grand destin patiemment, étape par étape. Son goût pour le libertinage le conduit à séduire indifféremment femmes et hommes. Il se flatte d'avoir été poursuivi par l'une de ses maîtresses, plus tenace que les autres, jusque dans l'enceinte du Sénat où elle lui a fait parvenir une lettre enflammée. En guise de provocation, il fait lire ladite missive au frère de la jeune femme.

« Amant de toutes les femmes, maîtresse de tous les hommes »

César n'hésite pas à séduire des femmes dont les maris exercent les plus hautes fonctions à Rome. Citons Postumia, épouse du consul Servius Sulpicius ; Lollia, femme de l'homme d'État Gabinius ; Tertulla, épouse du général Marcus Crassus ; Mucia, femme du grand Pompée... et Servilia, mère de Brutus, son futur assassin, peut-être celle qu'il aima le plus et qui lui prostitua sa fille Tertia. La liaison de César avec Servilia est sans doute la plus durable et la plus onéreuse. Il lui offre un jour une perle noire d'une valeur de six millions de sesterces (environ trois millions d'euros), il la comble des présents les plus coûteux et va lui permettre d'acquérir d'immenses propriétés, vendues aux enchères, qu'il lui fait adjuger à très bas prix. Cette liaison confère à Servilia, fervente républicaine, une très grande influence politique et elle en profite pour faire adopter par César son fils Brutus. La fin de leur liaison est moins romantique. Furieuse d'être délaissée, elle aurait apporté son soutien aux conjurés qui préparaient l'assassinat de César et qui se réunissaient chez elle...

Dans les provinces romaines comme à l'étranger, César ne cesse de multiplier les aventures. Sans regarder à la dépense, il séduit indifféremment simples citoyennes, reines ou princesses. Bogud, le roi de Mauritanie, voit comme un honneur le fait que son épouse, la reine Eunoé, remarquée pour sa grande beauté, reçoive les faveurs du grand conquérant.

À chacun de ses triomphes libertins, les légionnaires romains entonnent :

Citoyens, surveillez vos femmes
Car nous ramenons le baiseur chauve.

Quand il y trouve un intérêt, aussi minime soit-il, César n'hésite pas à jeter son dévolu sur la gent masculine. Sa liaison avec Mamurra, surnommé élégamment la « fiotte de César », l'un de ses principaux lieutenants durant la guerre des Gaules, a été souvent relatée. César apprécie aussi les esclaves bien faits de leur personne. Il est prêt à les payer un prix exorbitant à condition que ces sommes ne figurent pas dans les registres des comptes.

Le paradoxe César

La carrière de César découle d'une formidable volonté de puissance. Il se joue des obligations contraignantes de la politique, ne se laisse jamais influencer par les exploits passés, n'accorde aucun crédit à la tradition. Dans sa politique, tout est pragmatisme, rien n'existe que le présent. César inaugure ainsi la série des chefs d'État modernes, il aime dominer et semble être né souverain. S'il choisit de devenir le chef du parti populaire par opportunisme, sa personnalité nous montre l'aristocrate racé qui ne connaît d'autre loi que la sienne. Pourtant ses innombrables réformes politiques nous révèlent un homme voulant œuvrer pour le bien du plus grand nombre. Ces contrastes rendent le personnage insaisissable et énigmatique, dualité dont il va jouer toute sa vie. Ses ambitions sont immenses et il met tout en œuvre pour satisfaire ses désirs. Boulimique, il collectionne les territoires comme les femmes et les hommes.

César était doté d'une grande vigueur, mais la vie agitée qu'il mena, les efforts incessants, laissent nécessairement des traces. Bon nageur, grand marcheur, il est aussi sujet à des évanouissements, des cauchemars d'une violence inouïe et à des crises d'épilepsie qui l'affaibliront durablement à la fin de sa vie.

Personne mieux que César n'a su commander les cœurs des hommes et... des femmes. Des nobles dames de Rome aux princesses de l'Égypte et de Mauritanie, jamais un homme d'État, jamais un général, jamais un amant n'a été confronté à autant de situations différentes. Faisant fi de tous les dangers, dans sa vie privée comme au plan politique, il se comporta en souverain absolu, au prix néanmoins de beaucoup de sacrifices. Sa gloire reste malgré tout fragile et lui attire la jalousie de certains de ses pairs, qui vont se muer en comploteurs et précipiter sa fin.

Son assassinat, à 56 ans, met un terme à un règne sans partage. Divinisé après sa mort, il transmet un héritage politique durable. Les réformes qu'il a entamées seront poursuivies par ses successeurs, héritiers d'un vaste empire, durablement pacifié. Son neveu Octave, dont il a fait son fils adoptif, saura le faire fructifier en devenant le premier d'une lignée de 126 empereurs.

Cléopâtre

Le mirage oriental

Dernière reine d'Égypte, Cléopâtre est devenue un personnage de légende et son nom est associé à l'amour, à la ruse et à la beauté exotique. Pendant trente années, elle a dominé la politique de la Méditerranée orientale, usant de ses charmes pour réaliser ses ambitions politiques.

Une femme séduisante et cultivée

Née en 69 av. J.-C. à Alexandrie, Cléopâtre est d'origine grecque macédonienne. Alors que l'éducation des jeunes filles est totalement négligée à cette époque, elle reçoit un enseignement soigné et complet dans la plus pure tradition grecque et devient une véritable intellectuelle. Cléopâtre est la première de la famille royale à apprendre l'égyptien, et elle aurait parlé couramment sept autres langues. Sur le plan culturel, elle est jugée bien supérieure à la plupart des grands chefs d'État de l'époque. Physiquement, son long nez busqué, sa grande bouche ne font pas de Cléopâtre une femme particulièrement belle, mais elle est très bien faite et experte dans l'art du maquillage pour camoufler ses imperfections. Ses manières, ses gestes et ses humeurs sont enchanteurs. D'après les écrits de Plutarque, la douceur et la mélodie de sa voix rappellent le son de la lyre.

Contexte historique

À la mort d'Alexandre en 323 av. J.-C., son empire est partagé entre ses principaux généraux. Ptolémée Ier, l'un de ses lieutenants (et peut-être parent), reçoit l'Égypte et fonde la dynastie des Lagides. On assiste à une ouverture vers la civilisation grecque et un regain d'intérêt pour les rites égyptiens ancestraux. Les pharaons qui vont se succéder jusqu'en 30 av. J.-C. respectent, notamment lors de leur couronnement, de très anciens cérémoniaux. Les Lagides encouragent les sciences et la philosophie. De nouveaux édifices (temples, bibliothèques...) voient le jour dans nombre de villes. La capitale Alexandrie mélange croyances égyptiennes et culte des dieux grecs. Elle devient la ville la plus riche de son temps et la capitale de la culture et de la connaissance.

À partir du IIe siècle av. J.-C., la dynastie déchirée par les querelles familiales fait entrer le pays en décadence. L'Égypte s'affaiblit et décline peu à peu. En 51 av. J.-C., Cléopâtre, âgée de 18 ans, hérite avec son frère, Ptolémée XIII, du trône égyptien. Après la mort de ce dernier dans une bataille contre l'armée de César, elle étend sa puissance grâce à ses deux célèbres amants Jules César et Marc Antoine. Quand, en 31 av. J.-C., Octave, le futur empereur Auguste, remporte la bataille d'Actium qui lui permet de devenir le maître de l'empire, Marc Antoine puis Cléopâtre se suicident. Elle choisit de se faire piquer par une vipère aspic, à la morsure foudroyante...

Elle fascine grâce à sa capacité à séduire par les mots, et possède un charme fou !

Bien que certaines sources fassent débuter sa vie sexuelle dès l'âge de 12 ans, il est possible que Cléopâtre n'ait eu que neuf ans plus tard son premier amant, le dictateur romain Jules César, de trente ans son aîné. Le souverain débarque à Alexandrie en 48 av. J.-C. pour se rendre maître de l'Égypte. Alors qu'elle a quitté son pays où ses frères et sœurs lui disputent le pouvoir, la jeune reine revient secrètement à Alexandrie pour rencontrer le chef romain. On raconte qu'elle se fit présenter à lui enroulée nue dans un tapis ! César est séduit par cette jeune femme déterminée et ensorcelante. Jouant de ses multiples appats, vêtue de tenues en lin plissées, légères et suggestives, la reine va rapidement envoûter ce grand coureur de jupons.

Lune de miel sur le Nil

Au lendemain de leur première rencontre, Cléopâtre est assurée de la protection de son amant. César lui offre enfin le trône dont elle rêve. Conformément à la tradition, Cléopâtre épouse son tout jeune frère, roi fantoche qui porte un temps le titre de Ptolémée XIV. Pour autant, elle demeure la maîtresse de César, au vu et au su de tous. Au printemps 47, les amoureux partent pour une croisière de deux mois sur le Nil à bord d'un luxueux navire. Selon certains témoignages, Cléopâtre se serait offerte nue dans l'éclatante insolence de ses 20 ans au regard du seul homme qui compte à ses yeux. Pour César, nouveau maître du pays des pharaons, ces voluptueuses journées sont aussi un excellent prétexte pour étudier la situation de ses nouvelles possessions. C'est au cours de ce voyage que Cléopâtre tombe enceinte de leur fils, le futur Césarion.

Amour et politique se rejoignent

Ainsi débute une histoire d'amour qui va faire scandale à Rome et inquiéter les garants de la moralité romaine, comme Cicéron. Pour eux, cette relation de César avec une reine orientale est l'aventure de trop. Bien qu'il soit déjà marié, un mariage égyptien est probablement célébré entre lui et Cléopâtre. César n'ayant pas de fils légitime, l'éventualité d'un successeur égyptien attise les foudres romaines à l'encontre de la reine, régulièrement qualifiée de putain dans les chansons grivoises des légionnaires. De nouvelles campagnes militaires éloignent bientôt le consul romain de l'Égypte. En 46, Cléopâtre rejoint son amant à Rome pour un séjour de deux ans, accompagnée de son fils Césarion. César les installe à l'extérieur de la cité de Rome, dans une vaste propriété entourée de superbes jardins, de l'autre côté du Tibre.

Le dictateur romain n'hésite pas à afficher publiquement sa liaison avec la reine égyptienne. Il va jusqu'à installer une statue en or la représentant dans le temple dédié à la déesse Vénus *Genitrix*, provoquant un vent de colère chez les Romains scandalisés par la divinisation d'une simple mortelle.

Pour le rusé César, les histoires d'amour servent aussi à favoriser les intrigues politiques. Véritable maîtresse royale pendant son séjour à Rome, Cléopâtre n'en est pas moins une sorte d'otage de marque. Par l'intermédiaire de ses lieutenants, César contrôle l'Égypte, mais il refuse de comprendre que la présence officielle de Cléopâtre à ses côtés outrage la société romaine bien-pensante. Le symbole que représente la reine fait peur : César cautionne-t-il cette royauté que craignent tant de voir revenir les patriciens ? Cléopâtre s'imagine-t-elle reine de Rome ?

L'assassinat de son amant met fin aux espérances de Cléopâtre de sauvegarder l'indépendance de son pays. César ne sera pas roi d'Égypte. Le destin s'abat sur lui le jour des ides de mars, le 15 mars 44 avant notre ère. Dans l'enceinte du Sénat, poignardé à vingt-trois reprises, il tombe sous les coups de quelques conspirateurs. Il avait refusé de prêter foi au rêve prémonitoire de sa quatrième épouse qui, la nuit précédente, augurait la menace qui planait sur sa tête...

Antoine et Cléopâtre, une liaison légendaire

À la mort de César, Cléopâtre retourne en Égypte. Certains historiens rapportent qu'elle organise, des semaines durant, des nuits d'orgies au cours desquelles les participants se livrent à toutes sortes de débauches. En 41 av. J.-C., elle apprend l'arrivée en Égypte de Marc Antoine, l'un des héritiers naturels de César. D'une beauté rugueuse, le corps bien charpenté, le front grand et le nez aquilin, le général romain a, comme César, un faible pour le sexe féminin. Déterminée à le séduire, Cléopâtre prend la mer jusqu'à Tarse, à bord d'un somptueux bâtiment aux voiles écarlates, aux rames d'argent, à la dunette d'or. La musique des luths et des flûtes annonce l'arrivée de la reine qui, dans le simple appareil d'une beauté arrachée au sommeil, est accompagnée d'une escorte de Cupidons et de Grâces. Antoine la rejoint à bord pour un somptueux buffet. Commence alors une passion de dix ans, sans doute l'une des plus célèbres de l'Histoire.

L'atmosphère lascive qui règne à la Cour durant sa liaison avec Marc-Antoine montre combien Cléopâtre joue sur le goût du chef romain pour les plaisanteries obscènes, les conversations grivoises et la provocation. Pour le divertir, elle garde à demeure une danseuse nue. Le couple fréquente les lieux de plaisir des alentours d'Alexandrie. Ils sont à l'origine d'un groupe, les Inimitables, qui se réunissent pour des dîners au cours desquels les convives se livrent à des exhibitions érotiques. Un participant romain incarnant le dieu de la Mer, Glaucus, danse nu, à quatre pattes, le corps peinturluré de bleu ! Le mot d'ordre de cette « confrérie » est l'ivresse. Il est d'ailleurs gravé sur les bagues que portent leurs membres. Un mode de vie basé sur la *tryphè* : la jouissance et la magnificence...

Pour conserver l'amour de Marc-Antoine, qui est avant tout son meilleur allié politique, Cléopâtre organise des banquets raffinés qui dégénèrent en d'interminables orgies. Elle couvre de coûteux cadeaux le chef romain, réputé pour sa vanité, et ses officiers. Marc-Antoine découvre la magie de l'Orient, oublie ses racines et ses devoirs, tombe sous la coupe de Cléopâtre. La liaison est placée sous le signe du divertissement : parties de pêche sur le lac Maréotis, plaisanteries, sorties nocturnes et déguisées dans les ruelles sombres et reculées de la ville, jeux et plaisirs variés... Cléopâtre fait tout ce qu'elle peut pour garder près d'elle le vaillant officier, orchestre leur vie de la plus habile des manières. Face à ces subtils assauts de séduction, Antoine perd la tête. Il n'y a plus d'autre femme au monde que Cléopâtre.

Une souveraine responsable de tous les maux

Ces orgies donnent lieu à toutes sortes de rumeurs sur la vie amoureuse de Cléopâtre. On raconte qu'elle se livre à la fellation ; les Grecs la surnomment Meriochane, « celle qui est ouverte à dix mille hommes ». Certains auteurs romains prétendent qu'elle donna ainsi du plaisir à cent nobles romains au cours d'une seule nuit. La réputation de prostituée de Cléopâtre est entretenue par ses ennemis, parmi lesquels Hérode, roi de Judée, qui affirme qu'elle a tenté de le séduire – ce qui est probablement faux, puisque le seul but de Cléopâtre semble avoir été de s'assurer les faveurs d'Antoine, le garant de sa puissance politique.

Lorsque la lutte pour le pouvoir menée par Octave, le neveu de César et futur empereur Auguste, force Marc Antoine à retourner à Rome, Cléopâtre a déjà mis au monde des jumeaux dont il est le père. Trois ans plus tard, Marc-Antoine abandonne sa nouvelle épouse Octavie, la sœur d'Octave, pour retourner auprès de Cléopâtre. Octave convainc alors les sénateurs que Marc Antoine est un traître à sa patrie, qu'il sacrifie à sa liaison avec une étrangère, et, au nom du peuple romain, il déclare la guerre à l'Égypte.

Une fin mélodramatique

Une bataille navale a lieu au large du cap Actium, près des côtes grecques. Alors que le combat fait rage, ayant anticipé l'issue fatale, Cléopâtre abandonne sa flotte et rentre en Égypte. Privé de son soutien, Marc Antoine abandonne à son tour ses marins pour la rejoindre. Loin de lutter contre la progression de l'armée d'Octave, Marc Antoine s'étourdit en d'ultimes banquets et beuveries. La défaite égyptienne est totale. Octave ne tarde pas à débarquer en Égypte en vainqueur. À l'arrivée des légions romaines à Alexandrie, Cléopâtre s'enfuit avec trois domestiques et s'enferme dans son mausolée. Alors qu'une rumeur annonce le suicide de la souveraine, le général romain, fou de douleur et de honte, tente de se donner la mort en se transperçant le ventre de son glaive. Mortellement blessé, il apprend que Cléopâtre est toujours vivante. Conduit auprès de son aimée, il meurt dans ses bras.

Cléopâtre subit la dure loi des vaincus et devient la prisonnière d'Octave. Malgré sa beauté déclinante à l'aube de ses 40 ans, la reine cherche à se concilier son amitié en usant de son pouvoir de séduction. En vain... Le consul romain reste indifférent à ses charmes. Lors de la manifestation organisée pour célébrer son triomphe dans les rues de Rome, il projette même de faire défiler Cléopâtre vaincue à ses côtés. Mortellement humiliée, la reine d'Égypte n'a pas d'autre choix que de mettre fin à ses jours. Une mort soigneusement mise en scène. Cléopâtre demande à sa fidèle servante Charmiane de lui apporter une corbeille de figues. Au milieu des fruits est lové un aspic, un serpent au venin mortel. Cléopâtre se laisse mordre. Plutarque rapporte que sa servante, avant de s'écrouler à son tour, ajuste le diadème royal sur le front de la reine des reines et murmure : « Voilà le seul geste qui convient pour la dernière héritière d'une si noble lignée. »

Une légende nourrie de paradoxes

Personnalité insaisissable, associant sexe et politique, usant de tous les paradoxes, Cléopâtre laisse derrière elle un mythe universel. La magnifique séductrice côtoie la reine intrigante qui use de ses charmes pour renforcer son pouvoir. Souveraine à la personnalité ambiguë, on lui fera endosser tous les rôles : un jour femme-enfant ensorceleuse, le lendemain nymphomane ivre de sexe et de débauche, amante passionnée ou animal politique, Grecque cultivée ou Égyptienne dégénérée, spécialiste du plaisir ou donneuse de mort… Hommes sous influence, César finit assassiné, tandis que Marc Antoine, le splendide guerrier, est réduit à un débauché fuyant le combat. Les éléments d'une légende noire sont en place : Cléopâtre, monstre oriental indomptable, reine d'un pays où les femmes peuvent régner, châtre la virilité romaine.

L'intelligente Cléopâtre avait sans doute l'ambition de se hisser politiquement au même niveau que les hommes. Il n'en fallait peut-être pas davantage pour créer un mythe. Reine caméléon, Cléopâtre reste sans conteste la figure féminine la plus célèbre de l'Histoire.

Tibère

L'empereur aux deux visages

Auguste, le beau-père tant haï

Tiberius Claudius Nero voit le jour à Rome en l'an 42 avant notre ère, probablement sur le mont Palatin. Enfant, il assiste au divorce de ses parents, imposé par l'empereur Auguste, tombé passionnément amoureux de sa mère, Livie. Le coup de foudre est réciproque. Auguste épouse Livie après avoir répudié sa première épouse. Auguste, le beau-père de Tibère, a peu d'affection pour le jeune homme. Il se montre méfiant à son égard, mais devra tardivement se résoudre à l'adopter et à faire de lui son héritier, faute de descendant mâle. Le jeune Tibère intégrera malgré lui la famille impériale des Julio-Claudiens.

Son physique est à l'image de la personnalité qu'il laisse peu à peu découvrir. La description qui nous est parvenue le présente à son avantage : grand et fort, large d'épaules, le torse puissant, le teint clair, les cheveux portés longs en arrière. Cependant, les historiens romains nuancent ce portrait en évoquant aussi un visage rongé par l'acné. Durant sa jeunesse, Tibère n'a d'yeux que pour la belle Vipsania dont il se hâte de faire sa femme. En 12 av. J.-C., alors que son épouse est enceinte, le jeune patricien reçoit l'ordre de la répudier pour épouser Julie, la propre fille de l'empereur. Il a peu d'estime pour cette princesse libertine et nymphomane

Contexte historique

Tibère devient empereur à la mort d'Auguste, en l'an 14 de notre ère. Cet homme taciturne et avare, ennemi du luxe, est considéré par la postérité comme un excellent militaire et un grand administrateur. Il poursuit l'œuvre de son prédécesseur, maintient la paix à l'intérieur de l'empire, repousse les tentatives d'attaques à l'extérieur. Pourtant, vers l'an 27, obsédé par les complots et exaspéré par les intrigues fomentées au sein de son entourage, il se retire à Capri après avoir délégué ses pouvoirs à Séjan, son préfet du prétoire (sorte de Premier ministre). Son règne se durcit alors considérablement. Les procès et les condamnations se multiplient, jusqu'à atteindre une vingtaine d'exécutions en une seule journée. La fin de sa vie est marquée par un régime de terreur. Tibère meurt en 37, peut-être assassiné sur ordre de son successeur, son propre neveu Caligula.

Sa réputation de tyran a été largement véhiculée par des récits des historiens romains écrits un siècle après sa mort. En réalité, sa folie ne s'est vraiment manifestée que pendant les cinq dernières années de sa vie, à telle enseigne que le Sénat refusera l'ultime honneur de le diviniser après sa mort comme c'était l'usage. « S'il n'aime plus le vin, c'est qu'il a soif de sang », disait-on de lui.

qui n'a pas hésité à lui faire des avances très explicites alors qu'elle était encore l'épouse du digne Agrippa. Ce fut du reste le premier scandale attaché à Julie. Une attitude choquante pour la société bien-pensante, sous le règne austère et moralisateur d'Auguste. Les deux époux réussissent à vivre en bonne intelligence jusqu'à la mort en bas âge de leur premier et unique enfant. Ensuite, la rupture est totale et bientôt ils ne partagent plus le même lit.

Une épouse coupable de tous les vices

Julie, que son père vient de marier pour la troisième fois uniquement pour des raisons politiques, a depuis longtemps décidé par réaction de s'affranchir de toute contrainte. Capricieuse, elle ne supporte pas de n'être, aux yeux de la gent masculine, qu'un parti politiquement intéressant, et pour son père, une simple génitrice d'héritiers mâles. Julie ridiculise tous ses prétendants, si puissants et imbus d'eux-mêmes. Ainsi, dès son premier mariage, elle multiplie les aventures extraconjugales. Aux hommes qui prennent part régulièrement à ses débauches et s'étonnent que les enfants qu'elle met au monde ressemblent autant à son époux Agrippa, elle réplique dans un éclat de rire : « Je ne prends de passager que lorsque la cale du navire est pleine... »

Un temps, elle jette même son dévolu sur Iullius Antonius, le dernier fils de Marc Antoine, l'ennemi intime de son père, qui s'est corrompu jadis avec Cléopâtre. Leur liaison fait bientôt scandale, leur débauche sexuelle est portée sur la place publique. Iullius Antonius sera condamné à mort par l'empereur et exécuté.

Julie s'offre aussi aux nombreux hommes de son entourage. Chevaliers ou sénateurs, athlètes renommés ou bandits sans foi ni loi, peu lui importe leur identité : Quintius Crispinus – un voyou notoire –, Appius Claudius, Sempronius Gracchus, Scipion, Silanus, et tant d'autres qui n'ont pas transmis leur nom à la postérité. Amants de passage entre les bras desquels la princesse lubrique et débauchée veut oublier jusqu'à son identité dans des orgies sexuelles sans limite. Un témoin de l'époque[1] raconte que son seul but était de goûter

1. Les anecdotes et récits de cet ouvrage sont tirés de nombreux écrits d'auteurs latins et grecs, parmi lesquels Suétone.

à tous les plaisirs de la jouissance… « Julie, oubliant totalement le rang de son père et de son mari, alla jusqu'au bout de ses débauches et de tout ce qu'une femme peut faire ou subir de honteux. Elle mesurait la grandeur de sa situation en fonction de la possibilité qu'elle avait de fauter, revendiquant comme permis tout ce qui lui passait par la tête. »

Pourquoi une jeune femme réputée pour son intelligence parvint-elle à un tel niveau de débauche, s'enivrant lors de fêtes de la jeunesse dorée organisées sur le Forum, et même sur la tribune aux harangues ? Acte de vengeance contre un père qui avait sacrifié sa vie à ses ambitions personnelles ? Quand les occupations diurnes et nocturnes de Julie parviennent aux oreilles de son père, le scandale éclate et la jeune femme est exilée sur la petite île de Pandateria, confinée dans l'isolement le plus strict, avec pour seule compagne sa mère Scribonia, l'épouse répudiée d'Auguste.

Les années d'exil

Tibère met peu de temps à comprendre la personnalité de la furie qu'il a épousée. Mais il lui est difficile de se plaindre auprès de l'empereur du comportement dépravé de sa fille. Humilié, il ne trouve d'échappatoire à ses déboires sentimentaux que dans la fuite. Il s'exile à Rhodes en l'an 6 avant notre ère, cinq ans après la célébration de son mariage avec Julie. Mais la vie qu'il y mène est propice aux débauches secrètes qui commencent à exciter sa personnalité trouble.

C'est depuis cette semi-retraite que Tibère apprend un jour qu'Auguste a ordonné le divorce entre les deux époux. Délivré du fardeau que représentait pour lui Julie, Tibère rentre à Rome et, deux ans plus tard, est adopté par Auguste – en partie grâce à l'influence de sa mère

Livie. Pendant deux ans, il restera encore à l'écart de la vie publique. Jusqu'à la mort d'Auguste en 14, Tibère met en œuvre une politique réussie de défense et d'expansion de l'empire. Devenu *imperator*, son premier geste est de faire procéder à l'exécution de Julie, bannie sur son île.

L'intendance des plaisirs

Après le règne austère d'Auguste, les mœurs romaines se libèrent du carcan dans lequel les lois promulguées par l'ancien *imperator* les avaient enchaînées. Au début de son règne, Tibère institue une nouvelle charge, l'intendance des plaisirs, qu'il confie à un chevalier romain. Tibère qui – à l'époque d'Auguste – avait réprimandé en pleine séance du Sénat un vieillard connu pour sa pratique assidue du libertinage, invite un jour celui-ci à souper à la seule condition qu'il ne change en rien ses habitudes et que le repas soit servi par de jeunes esclaves nues.

Peu à peu, sa personnalité profonde se révèle et Tibère se montre d'une terrible cruauté. Lors de dîners, il force à boire plus que de raison certains convives. Les malheureux, totalement ivres, sont incapables de se rendre compte des sévices qu'on leur fait subir pour divertir l'empereur : « On leur attachait les parties sexuelles afin que les liens et le besoin d'uriner les fassent souffrir. »

Tibère ne fait pas de distinction entre les sexes. Hommes ou femmes sont indifféremment conviés à ses débauches. Seule exigence : que tous les participants justifient leur appartenance aux meilleures familles de Rome. Les critiques le laissent de marbre. Pourtant, rattrapé par sa folie paranoïaque et sa hantise croissante de la persécution, Tibère quitte Rome en l'an 27 et trouve refuge à Capri, qu'il ne quittera plus.

Le « vieux bouc » et les chèvres

Capri constitue pour lui un havre de paix idéal dont il entend profiter, même âgé de près de 70 ans. Là, selon les écrits de Tacite, Tibère « se précipite dans les crimes et les débauches une fois que, abandonnant honte et crainte, il n'est plus livré qu'à son seul naturel ». Les plaisirs de la chair sous toutes ses formes. Telle est la devise de cet empereur qui n'est déjà plus que l'ombre de lui-même. Le biographe Suétone se fait le témoin de cette descente dans l'ignominie : « Dans sa retraite de Capri, il avait créé pour ses orgies secrètes une salle spéciale où il rassemblait des groupes de jeunes filles et d'invertis qu'il recrutait partout, ainsi que des inventeurs d'accouplements monstrueux avec des animaux [...]. »

« Tous se tenant enlacés et formant une chaîne se prostituaient devant lui afin de ranimer ses désirs éteints. Il avait imaginé en plusieurs endroits des tableaux et des statues représentant les scènes et les situations les plus lascives. » On voyait dans les bois et les forêts des environs des jeunes gens et des jeunes filles habillés en sylvains et en nymphes ; aussi Tibère fut-il surnommé le Caprinéen, un jeu de mots faisant référence au nom de l'île.

Une inexorable descente aux enfers

Vieillard libidineux, il reste le dominateur, le *fututor*, dans l'immédiateté de ses dernières prouesses sexuelles. « Il poussa ses turpitudes à un degré encore plus énorme. Il habituait des enfants en bas âge, qu'il appelait ses petits poissons, à glisser et à jouer entre ses cuisses comme s'ils nageaient, tout en s'efforçant de lui lécher le sexe et de le mordiller. Il dressait ensuite des enfants plus forts mais non encore sevrés à lui sucer les parties sexuelles, qu'il substituait au sein de leur nourrice. » Chaque petit, chaque *fellator verpae* (« suceur de nœuds »), fait monter la sève chez ce vieillard chenu et lubrique qui se délecte avant de jouir. Tibère fait même placer dans sa chambre à coucher une scène érotique représentant Atalante, la chasseresse, prenant dans sa bouche le sexe en érection du héros Méléagre. Une variante inédite de la chasse au sanglier.

De telles représentations du panthéon gréco-romain suscitent l'émoi chez l'empereur qui se laisse dominer sans restriction par ses instincts les plus sauvages. Au cours d'un sacrifice, soudainement épris de la beauté de celui qui apportait l'encens, il peut à peine attendre la fin de la cérémonie pour l'entraîner chez lui et le violer, incluant même le frère du jeune garçon dans sa débauche.

La décadence de Tibère va de pair avec celles des mœurs politiques romaines, qu'il attribue à l'avènement du pouvoir impérial absolu sous Auguste. Longtemps malmené, c'est un Tibère désenchanté et aigri qui vit ses dernières années reclus, comme dans un cocon protecteur, au cœur de son abri, Capri, cette île accessible par un seul et unique point.

Pour la postérité, il incarne le premier César réellement débauché qui donne le ton, sans s'en douter, à un siècle de perversions sexuelles en tout genre. Tous les vices et les turpitudes du monarque furent relayés par la rumeur au travers d'une multitude d'anecdotes, à l'authenticité souvent douteuse, mais qui reposent certainement sur une base solide. Elles revêtent un grand intérêt car elles nous livrent, sur le premier siècle de notre ère, des renseignements précieux. Surtout, elles nous donnent une idée assez fidèle de ce qui se rapportait au sujet de Tibère à la fin de son règne dans la population romaine.

Caligula

L'empereur fou et dépravé

Né en septembre de l'an 12, Caligula (de son vrai nom Caius Caesar) a toutes les qualités pour devenir un excellent empereur. Son père est le grand général Germanicus, neveu et fils adoptif de l'empereur Tibère, sa mère est Agrippine l'aînée, la petite-fille d'Auguste. Il passe son enfance dans les camps romains où les légionnaires que commande son père se prennent d'affection pour lui et le surnomment bientôt Caligula, allusion à la *caliga*, la chaussure du soldat que le garçonnet porte de temps à autre. Un sobriquet qu'il finit par détester mais sous lequel pourtant il passe tristement à la postérité.

Une jeunesse incestueuse

Le jeune Caius est le dépositaire d'un glorieux héritage, trop lourd pour ses frêles épaules. En l'an 4 de notre ère, Tibère, sur l'ordre de l'empereur Auguste, fait de Germanicus son fils adoptif. Celui-ci entre ainsi dans la famille impériale, avec sa descendance. Tibère, qui jalouse Germanicus, adulé par le peuple et par ses soldats, le fait assassiner.

Dès son plus jeune âge, Caligula sent qu'il ne pourra égaler les exploits de son illustre père. Sa santé fragile

Contexte historique

Quand Caligula accède au pouvoir en l'an 37 de notre ère, il est fortement soupçonné d'avoir fait assassiner l'empereur Tibère, son grand-père adoptif. Les premiers mois, les Romains se réjouissent de voir à la tête de l'empire un homme jeune, dynamique, réputé juste et libéral. Le fils du très populaire Germanicus a 25 ans et sa cote de popularité est au plus haut. À peine un an plus tard, il tombe gravement malade. Il est victime de sérieux troubles mentaux qui ne connaîtront pas de rémission, et il sombre peu à peu dans la folie. L'homme se mue en un despote cruel, pervers, sanguinaire et dépravé. La haine que le peuple va bientôt éprouver à son égard n'aura d'égale que l'adoration qu'il lui vouait à son avènement.

Sur le plan politique, Caligula conduit des expéditions militaires en Germanie et en Bretagne en 39 et en 40. Mais les scandales en tout genre le rattrapent. Son souhait de faire ériger une statue à son effigie en plein temple de Jérusalem soulève un tollé général. L'empereur dilapide le trésor amassé par Tibère, ordonne qu'un culte divin soit rendu à sa personne et fait de son cheval préféré un sénateur avant de le nommer consul. Le Sénat est tourné en ridicule. Un officier de la garde prétorienne prendra l'initiative de l'assassiner en l'an 41, après un peu moins de quatre ans d'un règne où la raison n'a pour ainsi dire jamais eu sa place. Le despote sanguinaire n'avait que 29 ans.

– crises d'épilepsie et insomnies – l'empêche de mener une vie normale : les efforts physiques l'épuisent très vite et le laissent sans forces au point de ne plus pouvoir marcher ni même se tenir debout.

Il grandit au sein d'une nombreuse fratrie composée de six garçons et de trois filles. La différence d'âge entre ses frères et lui, dernier fils de Germanicus et d'Agrippine, est trop marquée pour permettre une réelle complicité entre eux. En revanche, il se sent très proche de ses trois sœurs nées à un an d'intervalle, Drusilla, Julia Livilla et Agrippine la jeune. Quand leur mère est condamnée à l'exil par Tibère, les enfants sont élevés par Antonia, leur grand-mère paternelle. Un jour, celle-ci surprend Caligula dans les bras de Drusilla, sa sœur préférée, alors qu'il la déflore dans une pièce isolée de la grande demeure familiale : ils ont respectivement 16 et 12 ans. Le ton est donné. Cette passion se renforcera avec le temps puisque Drusilla deviendra même l'épouse légitime de son frère dès son accession à la tête de l'empire. À la mort de la bien-aimée Drusilla, en l'an 38, à l'âge de 22 ans, Caligula éprouve une telle douleur qu'il s'enfuit brusquement de Rome pour se réfugier à Syracuse. Durant les jours de deuil consacrés à sa sœur cadette, il n'hésite pas à faire promulguer une loi qui punit tout Romain qui aura été reconnu coupable « d'avoir ri, de s'être rendu aux bains ou d'avoir pris ses repas en famille ». En guise d'ultime hommage, il prénommera sa fille Julia Drusilla. À partir de ce triste événement, on constate que les dérives sexuelles de l'empereur vont croissant. Le soir, dès la tombée de la nuit, Caligula parcourt les rues mal famées de la capitale à la recherche d'aventures féminines ou masculines, avec une préférence affichée pour les femmes adultères.

La succession de Tibère

C'est la mort prématurée de Drusus, son dernier frère survivant, en 33, qui a fait de Caligula l'héritier du trône.

Tibère s'est pris d'affection pour ce jeune homme de vingt-trois ans au point de faire de lui son successeur. À moins que le remords d'avoir fait assassiner son père Germanicus ne l'ait conduit à ce choix. Obéissant au souhait de Tibère, Caligula épouse en 35 Junia Claudilla, la fille de Marcus Silanus, un ami intime de l'empereur. Junia Claudilla meurt l'année suivante en mettant au monde leur enfant. Caligula se console alors dans les bras de sa première maîtresse, Ennia, l'épouse du démoniaque préfet du prétoire Macron. Cette liaison revêt aussi un caractère politique : Caligula promet à sa maîtresse de l'épouser dès la mort de Tibère. D'autres sources affirment même que c'est Macron qui aurait suggéré à sa femme de devenir la maîtresse de Caligula et de feindre le plaisir dans ses bras. Dans tous les cas, le mari participe au complot visant à éliminer Tibère. En récompense, il recevra l'ordre de se suicider. Quant à Caligula... il épouse sa sœur Drusilla.

Après la mort suspecte de Tibère, en 37, Caligula est désormais le monarque absolu. La rumeur d'assassinat entachant sa respectabilité, les premières orientations du nouveau règne se veulent moralisatrices : Caligula veut débarrasser Rome des *spintries*, les débauchés, les pédérastes. Cette croisade de purification ne durera que quelques mois. Lorsque Drusilla meurt, ses plus bas instincts rattrapent Caligula. Invité d'honneur au mariage de l'un des hommes les plus influents de Rome, Pison, il jette ainsi son dévolu sur Livia Orestilla, la jeune épousée : « Ne serre pas ma femme de si près », aurait-il lancé pendant le banquet à l'adresse du patricien. Caligula n'hésite pas à ravir la jeune femme à son époux le jour même. Et Livia Orestilla passera sa nuit de noces... dans le lit impérial. On ne sait si Caligula a agi par vengeance personnelle ou pur désir charnel. Pison, par le passé, avait été l'ennemi juré de son père. Après quelques jours de liaison, l'empereur répudie Livia Orestilla avant de bannir de Rome le couple tout juste réuni.

Cette forme de petit jeu pervers semble exciter Caligula au plus haut point. Il récidive la même année, exigeant qu'on lui fasse rencontrer une certaine Lollia Paulina, considérée comme la « plus belle femme de Rome ». Il agit avec la belle d'une façon cavalière, comme à ses habitudes, et la renvoie après quelques nuits en lui interdisant désormais toute relation sexuelle sous quelque forme que ce soit. Après cette deuxième aventure, il entame une liaison avec Caesonia, qui comme lui, « avait des mœurs très relâchées et une perversité extrême ». Non seulement elle ne juge pas l'empereur mais elle se prête volontiers à ses jeux érotiques : « Il la montra souvent à ses soldats, montée sur un cheval à ses côtés, revêtue d'une chlamyde (manteau grec), d'un bouclier et d'un casque. Il la fit voir nue à ses amis. »

Le philtre d'amour fatal

La liaison se poursuit et Caesonia met au monde Julia Drusilla, leur unique enfant. Caligula épouse Caesonia, mais la beauté de celle-ci commence à se faner. Elle commande à Locuste, la fameuse empoisonneuse romaine, un philtre qui doit lui assurer l'amour du souverain et lui permettre de conserver sa dignité d'épouse impériale. Nul ne sait si le breuvage absorbé par Caligula, peut-être à base de mercure, a renforcé ses liens avec son épouse, mais il semble que ses effets sur la santé mentale de l'empereur aient été lourds de conséquences. De graves séquelles et des troubles cérébraux sont vite apparus, lésant lentement, mais irrémédiablement, le cerveau du souverain. Sa raison définitivement altérée, sa prédisposition naturelle pour la cruauté, le vice et la férocité prennent une ampleur nouvelle. L'année 38 est celle de toutes les turpitudes.

Caligula sombre dans la folie la plus profonde. On raconte qu'il s'exerce devant son miroir pour s'enlaidir, se rendre plus repoussant et terrifiant. Peureux, il craint les orages et se cache sous son lit pour ne pas voir les éclairs ni entendre le tonnerre. Il se déguise parfois en Vénus, conduit des chars, se transforme en gladiateur, chanteur et danseur. Il prétend surtout être l'incarnation de Jupiter, ce qui lui permet de légitimer ses relations sexuelles avec ses deux autres sœurs, Agrippine (la future mère de Néron) et Livilla.

« Il eut successivement avec toutes ses sœurs des rapports infâmes et, dans les festins, il avait l'habitude de placer chacune d'elles au-dessous de lui, tandis que sa femme était au-dessus. » Celui que les auteurs latins décrivent comme un homme « chauve mais la nuque hérissée d'une soie rude, le cou et les jambes grêles, d'une pâleur repoussante et si caractéristique de sa folie » avec « le front large et difforme, les yeux enfoncés dans les orbites, les tempes creuses » ne se contente pas de coucher avec ses sœurs, « il les prostitue souvent à ses compagnons de débauche ». Ce qui ne l'empêchera pas de les faire condamner plus tard comme adultères et complices d'une conjuration ourdie contre lui.

Le plaisir d'humilier ses victimes...

Caligula éprouve un suprême sentiment de jouissance quand il organise des orgies où règne la débauche la plus absolue. Les victimes désignées ne peuvent qu'obéir et espérer que l'« empereur fou » se lasse le plus vite possible de ses multiples délires. Son sentiment d'invincibilité atteint son paroxysme lorsqu'il ordonne que des prisonniers soient soumis à la torture devant lui pendant qu'il s'adonne aux plaisirs du sexe.

Les nombreuses prostituées qu'il trousse au palais ne lui suffisent pas. Caligula contraint bientôt les femmes de la noblesse romaine à devenir ses maîtresses, les humiliant au cours d'orgies bestiales. Sans distinction, sexe débridé et sadisme deviennent de mise. Au palais, on assiste à une succession de festins décadents. L'empereur y convie les patriciens et leurs épouses. En présence des maris, Caligula « faisait défiler ces dernières et les examinait avec une attention aussi lente qu'il aurait mise à choisir un objet à vendre, leur relevant quelquefois le menton s'il leur arrivait de baisser la tête par pudeur. Puis, si sa fantaisie l'en prenait, il sortait de la salle à manger avec celle qui lui avait plu et, quand il revenait, on pouvait voir sur lui les traces toutes fraîches de sa débauche. Il vantait ensuite la beauté de leurs charmes ou critiquait les défauts de leur corps, allant même jusqu'à raconter les détails de l'acte charnel ».

En dehors de ces orgies, « on raconte que Caligula eut avec Marcus Lépidus, Mnester le pantomime, et certains otages, les relations intimes et mutuelles les plus dépravées. Valérius Catulus, jeune officier d'une famille consulaire, avait révélé que l'empereur l'avait violé et épuisé autant qu'auraient pu le faire dix de ses soldats logés sous la même tente ».

Quand il se lasse de ses outrances, Caligula aime à retrouver Pyrallis, sa nouvelle courtisane favorite. Mais cette passion ne l'empêche pas de lui tenir des propos sadiques : « Toutes les fois qu'il embrassait le cou de sa maîtresse, il ne manquait pas de dire : cette belle tête tombera quand je voudrai. » À son épouse Caesonia, il répète qu'il « lui demanderait un jour, même au moyen de la torture, pour quelle raison elle l'aimait avec autant de passion ».

Au sein de la famille impériale, Claude, l'oncle paternel de Caligula, est son souffre-douleur préféré. Plus il vexe, humilie et ridiculise cet homme âgé, affaibli par des maladies tenaces, plus sa perversité est excitée. Pour se distraire, Caligula décide de lui faire épouser Messaline, une ravissante nymphomane issue de la haute noblesse romaine. Une idée qui a probablement germé au cours d'une nuit d'orgie entre les deux protagonistes de cette plaisanterie. Un pari, peut-être ?

Le lupanar du palais impérial

Les caprices dispendieux de Caligula grèvent lourdement la fortune laissée par Tibère, estimée à 2,7 milliards de sesterces (environ 1,35 milliard d'euros). Pour continuer à s'adonner à ses extravagances, l'empereur doit alors rétablir sa santé financière. Les solutions qu'il trouve sont pour le moins « originales ». Outre une taxe sur la prostitution, il va installer un gigantesque lupanar au sein du palais. « Des loges séparées et meublées en rapport avec la magnificence des lieux furent aménagées et il y distribua des matrones et des hommes de condition libre. Des esclaves parcouraient les places publiques et les temples pour inciter à la débauche les jeunes gens et les vieillards. On prêtait à ceux qui entraient de l'argent avec intérêt et des huissiers inscrivaient publiquement leurs noms, comme s'employant à augmenter les revenus de César. »

Un assassinat salvateur

Trente coups de glaive – dont un dans les parties génitales – mettent fin à un règne tyrannique en l'an 41 de notre ère. L'empereur fou avait 29 ans.

C'est Claude, son oncle, qui va succéder au despote car il est le dernier survivant de sa famille. Bègue, complexé et peu sûr de lui, le nouveau maître de Rome se révélera finalement un bon empereur.

Il convient de nuancer le jugement sans pitié de l'historien Suétone (69-125 de notre ère) qui, dans sa biographie de Caligula, *La Vie des douze Césars*, tire un portrait moins que flatteur de l'empereur. Son jugement était-il parfaitement objectif ? S'est-il plié aux diktats de son temps où il était de « bon ton » de calomnier les anciens ? Caligula était un jeune homme sans expérience politique que le pouvoir absolu grisa, un garçon que les aléas de sa jeunesse avaient fragilisé psychologiquement. Chez lui, il y avait une volonté de rompre définitivement avec le passé et de faire oublier le triste règne de Tibère. Caligula voulait instaurer un nouveau type de régime, une monarchie absolue où l'empereur serait un dieu vivant ! En ce sens, cela explique les amours incestueuses de Caligula avec ses sœurs. Dès lors que l'empereur se proclame dieu, plus rien n'entrave ses désirs. Une totale liberté qui explique pourquoi Caligula passera à la postérité avec une étiquette de débauché, de criminel sanguinaire, de fou furieux... fascinant les écrivains, les producteurs et réalisateurs de films érotiques et pornographiques.

La vie sexuelle à Rome

Orgies, cruautés et mœurs dépravées... Ces clichés résument souvent la sexualité à l'époque de l'Empire romain. Or la réalité historique est différente. Même si aujourd'hui certaines pratiques sexuelles peuvent sembler choquantes, dans la société romaine elles obéissaient à des règles strictes où les interdits étaient nombreux et codifiés.

L'assouvissement de ses besoins sexuels

Plusieurs chiffres permettent de comprendre ce rapport particulier à la sexualité : l'espérance de vie n'excédant pas 25 ans, l'âge légal du mariage était fixé à 12 ans pour les filles et 14 ans pour les garçons. Un apprentissage de la sexualité beaucoup plus précoce qu'aujourd'hui, compensé par une fin aussi plus rapide. Il fallait alors concentrer dans l'intervalle tout ce que la morale et la loi autorisaient.

À l'image de la société, esclavagiste et très hiérarchisée, la loi romaine établit des catégories sexuelles entre les individus. L'homme libre, le citoyen romain, possède tous les droits, surtout s'il est patricien ou de noble naissance. Il peut assouvir ses besoins sexuels de quatre manières : avec son épouse, avec un autre homme (sans déroger à son rang), avec des prostituées et avec des esclaves, adultes ou enfants.

L'épouse libérée

Avec la multiplication des divorces, dès le IIe siècle av. J.-C., l'émancipation de la femme romaine devient de plus en plus visible. Les débuts de la République romaine, lorsque le mari possédait tous les droits, même celui de mettre sa femme infidèle à mort, sont révolus... Le mariage existe toujours dans un but de procréation, mais la femme romaine exige aussi de son mari une reconnaissance sexuelle aussi bien qu'amoureuse. À Rome, l'épouse jouit d'un statut privilégié comparé aux autres sociétés antiques. Elle ne vit pas cloîtrée dans un gynécée comme la femme grecque, et elle possède de nombreux droits. L'indépendance économique lui est acquise, elle peut conserver sa dot et son héritage. L'accès aux métiers les plus divers fait aussi partie de ses droits, y compris ceux liés à la finance. Femme libérée, elle fréquente les mêmes lieux publics que les hommes : forum, théâtres, cirques, bains... et multiplie les possibilités de rencontres. À partir du Ier siècle av. J.-C., les Romaines n'hésitent plus à entretenir des relations extraconjugales. Le poète Ovide, dans *L'Art d'aimer*, explique comment les femmes séduisent : « Les belles femmes dans leurs atours se pressent aux jeux où va la foule. Elles doivent se montrer en public. La foule est utile aux femmes, là, dans le nombre, elles trouveront peut-être quelqu'un à séduire... »

L'infidélité comme mode de vie

Les aventures extraconjugales masculines sont aussi officiellement tolérées, à l'exception des relations avec des femmes mariées, offense inqualifiable pour le mari trompé...

Comme la polygamie est admise, de nombreux citoyens romains entretiennent une ou plusieurs concubines, parfois même sous leur propre toit. Seule obligation : que la maîtresse soit de rang social inférieur. Selon la loi romaine, la concubine possède un statut légal qui lui garantit certains droits, même si le mariage lui demeure interdit.

Les Romains les plus fortunés font appel à des courtisanes professionnelles. Expertes dans tous les arts du sexe, elles sont engagées pour une nuit, un mois ou même à l'année. Pendant cette période de location, elles doivent être au service de leur maître et satisfaire le moindre de ses désirs.

L'importance de l'homosexualité

Contrairement aux Grecs, les Romains n'ont jamais glorifié la pédérastie. Ils condamnent même l'amour entre deux hommes de condition libre. Pour un citoyen romain, l'homosexualité est tolérée s'il reste dans un « rôle actif », s'il possède le pouvoir, en clair s'il pénètre l'autre... Jouer un rôle passif serait contraire à son statut social. Pratiquer une fellation est considéré comme une humiliation, un acte qui ravale son acteur au rang de l'animal. Tel l'empereur Néron décrit par Suétone : « Vêtu d'une peau de bête féroce, il s'élançait d'une cage pour se précipiter sur les parties naturelles d'hommes et de femmes attachés à des poteaux. Puis, quand il avait enfin assouvi sa lubricité, il se livrait, pour finir, à son affranchi Doryphore auquel il tenait lieu de femme... » L'immoralité chez les Romains naît donc uniquement de la transgression des rôles. Peu importe, en revanche, que le partenaire soit un homme ou une femme, à l'exemple du grand César qui appréciait indifféremment les deux sexes.

Les louves du Forum

La prostitution est admise chez les Romains. Elle est même considérée comme utile à l'hygiène publique. Une pratique peu onéreuse et soigneusement encadrée par l'État. Les lupanars (du mot louve, surnom donné aux prostituées) sont légion. À Pompéi, on comptait même plus de bordels que de boulangeries... Le but de cet encadrement est d'éviter que les jeunes Romains ne violentent les femmes mariées. Caton l'Ancien, homme d'État réputé pour sa rigidité morale, n'hésite pas à lancer à de jeunes mâles sortant d'un bordel : « Bravo ! Courage ! C'est ici que les jeunes gens doivent descendre plutôt que de pilonner les épouses des autres... »

Le sexe avec les esclaves

Il est d'usage pour le Romain fortuné de satisfaire ses besoins avec des esclaves. Une « fonction » à plein-temps, dévolue à un jeune esclave, un « mignon », reconnaissable à sa longue chevelure. Souvent choyé, il bénéficie de nombreux avantages financiers tant que la puberté n'a pas déformé son jeune corps. Sénèque décrit ainsi la présence de ces mignons dans les banquets : « [ils] forment des troupeaux d'infortunés garçons qui attendent, une fois finis les repas, d'autres outrages dans les lits... »

Autres temps, nouvelles mœurs

Dans le monde romain, on voit que ce qui sépare la dépravation de la saine pratique sexuelle est surtout lié au statut des partenaires. L'homme dominé par ses sens et ses envies, au point d'oublier sa condition, passera ainsi pour un pervers. Mais, au fil des siècles, la société romaine va basculer vers une liberté sexuelle plus encadrée. Penseurs et philosophes vont théoriser une morale, stoïcienne et tempérante, incarnée par Marc Aurèle (121-180 apr. J.-C.). Il gagna le surnom d'empereur philosophe par sa recherche constante de la maîtrise de soi et de la compréhension du monde. Au sein des élites, la passion est assimilée au leurre, l'ascétisme devient la nouvelle règle. Pour atteindre le bonheur, il faut supprimer ses vains désirs afin de se soustraire aux coups de la Fortune.

La morale se rigidifie avec la diffusion du christianisme (313 apr. J.-C.). L'Église encourage la virginité et condamne la sexualité. En 394, sur ordre de l'empereur Théodose, les prostitués mâles sont arrêtés et brûlés en place publique à titre d'exemple. Autres temps, autres mœurs... La société s'intéresse plus à sa survie intellectuelle et morale qu'à son plaisir. On est loin de l'explication avancée parfois qui attribue la chute de l'empire à la décadence des mœurs romaines...

Dans l'imaginaire collectif, les premiers siècles de l'Empire romain demeurent un des paradis perdus de la sexualité. Empereurs aux mœurs débridées, fresques érotiques de Pompéi, textes évocateurs des grands auteurs, projettent sur cette époque les fantasmes les plus fous, portés, dès les premiers siècles, par une littérature abondante, et relayés aujourd'hui par le cinéma et les nouveaux médias.

DEUXIÈME PARTIE

LE MOYEN ÂGE

Théodora

Une courtisane au sommet de l'empire

Théodora est passée à la postérité plus en raison de sa jeunesse sulfureuse d'effeuilleuse dans les théâtres de Constantinople que pour son règne d'impératrice. Elle est devenue l'incarnation de la civilisation byzantine, sensuelle et décadente.

La fille du montreur d'ours

La jeunesse de Théodora reste mystérieuse, comme sa date de naissance incertaine, entre 497 et 500, d'autant que l'une des rares sources dont nous disposions, l'*Histoire secrète* publiée vers 560, est fort contestable. Son auteur, Procope de Césarée, est un ennemi acharné de l'impératrice qu'il accuse de tous les maux, comme d'avoir été une insatiable débauchée pendant sa jeunesse. Théodora est la fille d'Akakios, un « arctotrophe », gardien des ours de l'hippodrome de Constantinople, haut lieu de la vie sportive et politique de l'empire. En effet, c'est lors des courses de chars que s'affrontent les deux factions byzantines, les Bleus et les Verts, ancêtres de nos partis politiques. En 503, à la mort d'Akakios, sa mère élève seule Théodora et ses deux sœurs, Comito et Anastasie, dans un appartement populaire de la capitale byzantine. La jeune fille passe le

Contexte historique

En 476, l'Empire romain d'Occident s'effondre. L'héritage de Rome survit à l'est, dans cet Empire romain d'Orient qui deviendra l'Empire byzantin. Des Balkans à l'actuelle Arménie, le pouvoir est exercé par un souverain tout-puissant, véritable représentant de Dieu sur terre, qui siège à Constantinople, la « seconde Rome ».

Au milieu du VIe siècle, Justinien Ier (483-565), devenu empereur en 527, va régner pendant presque quarante ans et tenter de reconstituer l'unité de l'ancien Empire romain. De 533 à 554, il lance une série de campagnes militaires en Méditerranée occidentale pour étendre son territoire. Afrique du Nord, Corse, Sardaigne, Baléares, Italie et sud de l'Espagne... Les conquêtes se succèdent grâce aux efforts de ses généraux Bélisaire et Narsès. À l'intérieur, Justinien réunit les lois impériales dans un recueil, le Code Justinien, qui devient bientôt la base du droit byzantin. Mais le plus beau témoignage de son œuvre reste l'édification de l'immense basilique Sainte-Sophie, qui demeurera la plus grande église de la chrétienté jusqu'au XVIe siècle. Sous la direction des architectes Anthémios de Tralles et Isidore de Milet, dix mille ouvriers vont participer, de 532 et 537, à ce gigantesque chantier. Tout au long de son règne, Justinien n'eut de cesse de favoriser l'expansion de son royaume, tant au plan militaire, culturel, commercial que religieux. Une œuvre immense qu'il n'aurait pu accomplir sans le soutien de son épouse, la sulfureuse impératrice Théodora...

plus clair de son temps dans la rue. La petite famille est prise en charge par Astérios, un chorégraphe de l'hippodrome qui fait office de beau-père.

Une actrice entretenue

Comme ses sœurs, Théodora entre à l'âge de 12 ans dans une troupe de danseuses et de comédiennes qui se produit régulièrement sur la scène d'un petit théâtre de Constantinople. La jeune fille est fort attirante : « [elle] avait un beau visage et était gracieuse, mais menue et, sinon blême, du moins pâle ; son œil était toujours attentif et son sourcil froncé », raconte Procope. Six ans plus tard, elle intègre une compagnie de mimes qui joue dans les théâtres des faubourgs de la capitale, à Sykae et aux Blachernes. Elle participe aux sketches les plus graveleux avec une aisance déconcertante : « Elle était telle que, fouettée et frappée sur les joues, elle plaisantait ou même éclatait de rire. »

Pour divertir le public, elle accomplit ses tout premiers numéros érotiques qui connaissent un grand succès, à l'image du fameux « sketch aux oies », parodie des amours de Zeus, transformé en cygne, et de Léda. Vêtue d'un pagne transparent, Théodora se couche à la renverse sur le sol, les jambes écartées, pendant que des esclaves font venir des oies. À son signal, ils jettent des poignées de grains d'orge au niveau de son sexe. Aussitôt, les oies se jettent sur son pubis pour picorer les grains, à la plus grande joie des spectateurs.

« Elle se déshabillait et montrait nus [...] son devant et son derrière », écrivait Procope. Il convient néanmoins de modérer ce propos. Théodora est en fait vêtue d'un pagne car la nudité complète est interdite dans les théâtres byzantins. Cette semi-nudité révélant sa jeune beauté n'en éveille pas moins les désirs de nombreux spectateurs. La jeune fille est rapidement entourée par une cour d'admirateurs qui lui offrent des bijoux, des vêtements... On lui prête même des villas en Propontide (l'ancien nom de la mer de Marmara). Comme son aînée Comito, Théodora devient une artiste entretenue qui n'hésite pas à donner son corps au plus offrant. Vers 515, elle tombe enceinte. Après une tentative d'avortement infructueuse, elle décide de garder l'enfant, une petite fille. Une grossesse qui plonge la plume de Procope dans le fiel, il se déchaîne contre cette « femme souillée de fautes immondes ainsi que d'infanticides répétés par avortements volontaires ».

Courtisane de luxe ou dévote ?

Ambitieuse, Théodora ne se satisfait pas de cette vie de danseuse et rêve de devenir une riche courtisane. Elle jette son dévolu sur Hékébolos, un personnage de marque, gouverneur de la Pentapole, en Afrique du Nord. Elle passe plusieurs années avec lui en son palais d'Apollonia, dans l'actuelle Libye. Mais le haut fonctionnaire se lasse rapidement de cette jeune femme à la réputation trop sulfureuse. Selon Procope, Théodora se serait alors consacrée à la prostitution, exerçant cette activité dans diverses villes d'Afrique du Nord et d'Asie Mineure. La réalité est tout autre. Au cours de ses pérégrinations d'Alexandrie à Antioche, elle se produit sans grand succès dans des théâtres. Le reste du temps, elle fréquente les églises, rencontre des prélats. Ils vont la convertir au monophysisme, une hérésie chrétienne selon laquelle il n'existe qu'une seule nature divine dans le Christ. Leur influence sera si déterminante qu'au fil des années, l'ex-danseuse légère devient une femme pieuse, voire dévote.

Une impératrice irréprochable

C'est grâce à Macedonia, une danseuse d'Antioche, que Théodora rencontre Justinien, alors sénateur, qui n'est autre que le neveu de l'empereur Justin Ier. Cet homme brillant et travailleur, qui exerce les fonctions de patrice puis de consul, s'éprend aussitôt de cette femme de dix-sept ans sa cadette. Mais les lois byzantines interdisent à un sénateur d'épouser une courtisane. Qu'importe les barrières ! Il obtient que son oncle fasse édicter une nouvelle loi – la constitution *De nuptiis* – à son profit, pour pouvoir épouser Théodora en 523.

Pendant que Justin Ier sombre dans la sénilité, Justinien concentre un pouvoir de plus en plus grand. C'est un homme d'expérience de 45 ans qui sera couronné empereur en l'église Sainte-Sophie le 4 avril 527 en compagnie de Théodora. L'ancienne strip-teaseuse peut savourer cet instant unique dans l'histoire. Une courtisane devenue impératrice, du jamais vu !

Lorsque Justin Ier décède, le 1er août de la même année, Théodora commence officiellement son règne. Dès le début, elle fait preuve d'un sang-froid exceptionnel qui tranche avec la prudence de son époux. En 532, une insurrection éclate à l'hippodrome de Constantinople. Aux cris de « *Nika !* » (« Victoire ! »), la foule assiège bientôt le palais impérial et incendie le vestibule. C'est Théodora qui redonne espoir à l'empereur, tout près d'abdiquer, et l'encourage à réprimer cette révolte pour sauver son trône. Dans sa vie privée, l'impératrice se montre irréprochable. Très pieuse, elle n'hésite pas à défendre les monophysites, au grand dam de son époux, fidèle soutien de l'Église orthodoxe. Plus d'une fois, elle s'oppose à lui, en critiquant notamment ses projets d'expansion en Méditerranée occidentale. Elle est tout aussi ferme avec ses propres courtisans. Lorsqu'elle apprend les infidélités de sa confidente, Antonine, l'épouse de Bélisaire, elle n'hésite pas à la renvoyer. Une répudiation qui va mécontenter fortement le général byzantin et son secrétaire, l'historien Procope !

Une des plus notables croisades de Théodora a été l'amélioration des conditions de vie des prostituées. Elle parvient à faire édicter par son impérial époux une série de lois visant à interdire la prostitution forcée. C'est ainsi que le recueil de lois publié en 531, le *Corpus Juris Civili* (ou Code Justinien), punit sévèrement les proxénètes et les parents coupables de prostituer leurs enfants. Théodora va dépenser des sommes colossales pour racheter des prostituées et fonder des *metanoïas*, « centres de réadaptation ». Mais l'impératrice n'aura guère le temps de mesurer les effets de sa politique. Elle meurt en 548, probablement d'un cancer du sein.

Une réputation ternie par un biographe

Pourquoi Théodora qui, une fois sur le trône, mena une existence irréprochable est-elle passée à la postérité avec une image aussi désastreuse ? La faute à Procope de Césarée, auteur d'*Histoire secrète*, diatribe ordurière, compilation d'informations mensongères, riche en détails outrageants, dans le seul but de ternir l'image de l'impératrice. Il raconte que Théodora, très jeune, aurait été prostituée par sa mère, avant même d'avoir atteint sa puberté : « Quand Théodora était encore trop immature pour coucher avec un homme ou avoir des rapports comme une femme, elle se comportait comme un prostitué mâle. » C'est fort peu probable, surtout si l'on considère les lois particulièrement sévères qui ont été adoptées à cette époque contre la sodomie. L'historien se plaît à imaginer des orgies débridées auxquelles aurait participé la jeune fille, comme des banquets réunissant une dizaine de débauchés avec leurs esclaves, une trentaine de convives que Théodora satisfait au cours d'une seule nuit : « Elle passait avec tous ses compagnons la nuit entière ; et quand elle les avait tous épuisés, elle passait à leurs serviteurs – parfois jusqu'à trente d'entre eux – et copulait avec eux chacun à leur tour. » Puis le récit tourne au délire pornographique : « Bien qu'elle utilisât trois ouvertures de son corps, elle se plaignait que la nature n'ait pas troué ses seins aussi. »

Finalement, Procope de Césarée aura eu raison de cette impératrice fidèle et dévouée, protectrice des prostituées. Il aura figé pour des siècles le portrait d'une débauchée, se livrant sans retenue aux hommes dans les théâtres, symbole de perversion et de sensualité, d'ambition et de décadence byzantine.

Wu Zetian

La concubine devenue « empereur »

Wu Zetian a été la seule femme à porter le titre d'empereur de toute l'histoire de la Chine. Cette ancienne concubine est parvenue à s'imposer, par son charme, sa cruauté et son sens de la manipulation, du gynécée impérial au sommet de l'empire.

La naissance de Meiniang

Probablement née à Chang'han vers 624, Wu Zhao est la fille de Wu Shihuo, un modeste maître d'œuvre qui a reçu la dignité de duc de Taiyuan pour s'être distingué lors d'une campagne militaire contre les Turcs. Sa mère est une parente éloignée de la famille impériale. Comme la noblesse de sa lignée est récente, la jeune fille entre à 14 ans dans le gynécée de l'empereur Taizong, avec le titre de Cai-Ren (« personne de talent »), c'est-à-dire concubine de cinquième rang, et adopte, conformément à la tradition, un nom d'emprunt : Meiniang. Elle se fait rapidement remarquer pour sa beauté, mais ne brille guère par ses talents de servante ou de musicienne. Pendant les douze années passées dans le gynécée, jamais elle ne parviendra à attirer les regards de l'empereur.

Contexte historique

Depuis 618, la dynastie des Tang règne sur la Chine, un empire immense qui s'étend du nord de l'Indochine à Pékin et de l'océan Pacifique jusqu'en Asie centrale, regroupant plus de 50 millions d'habitants.

À sa mort en 649, l'empereur Taizong laisse à son fils Gaozong un empire paisible, prospère et unifié grâce à son immense réseau de fortifications et de routes commerciales. Dans un premier temps, le nouveau souverain poursuit l'œuvre de son père. Il va passer ensuite sous la coupe de sa femme, Wu Zetian, une ancienne concubine, ambitieuse et manipulatrice, qui concentre peu à peu l'essentiel du pouvoir. Elle fait régner la terreur en éliminant les aristocrates du nord-ouest de l'empire qui contrôlaient les principales institutions du pays.

Son époux disparu, Wu Zetian se fait proclamer « empereur divin » et instaure une nouvelle dynastie, les Zhou. Poursuivant l'œuvre administrative de ses prédécesseurs, elle instaure un système de recrutement des fonctionnaires fondé sur le mérite et non plus sur la fortune. Pour asseoir sa puissance, elle favorise le bouddhisme et les membres de son clan, en écrasant les paysans sous les impôts. Son pouvoir tyrannique ne résistera pas à la rébellion de son Premier ministre Zhang Jian qui la contraint à abdiquer en 705. Malade, Wu Zetian, et avec elle la dynastie des Zhou, ne survivra pas à cette déchéance. Elle décède cette même année à l'âge de 81 ans. Machiavélique et implacable, la première et seule femme « empereur » de l'histoire de la Chine laissera à jamais une sinistre réputation, au parfum de stupre et de scandale.

121 concubines pour l'empereur

Le gynécée est un monde clos, austère, presque carcéral. Sous le règne de Taizong, une armada de 121 concubines rivalise d'ingéniosité pour s'attirer les faveurs impériales. Le but de chacune est de parvenir à porter l'héritier du trône. En effet, les histoires abondent de concubines ayant réussi par leurs charmes ou leur grande fertilité à prendre la place de l'impératrice en titre. Un tel honneur explique la féroce concurrence qui les oppose.

Au sommet du gynécée, ce microcosme très hiérarchisé, on trouve les *Fei*, les quatre concubines de haut rang, issues des familles les plus prestigieuses de l'empire, qui se sont distinguées par leur beauté, leur vertu et par la fréquence de leurs rapports sexuels avec l'empereur. Les autres sont réparties selon leur origine, leur grâce et leur éducation en sept rangs qui comptent chacun un nombre précis de concubines : neuf pour les deuxième, troisième, quatrième et cinquième rangs et vingt-sept pour les sixième, septième et huitième rangs. Sévèrement encadrées par une garde d'eunuques, toutes vivent enfermées dans le gynécée, se consacrant exclusivement à l'empereur.

« C'est l'heure ! »

Pour choisir une concubine, l'empereur obéit à un strict protocole. Il se fait apporter le plateau de tablettes de jade où sont recensés l'identité et le rang des jeunes filles du gynécée. Ensuite, l'élue du jour est déshabillée et examinée par un eunuque qui vérifie qu'elle est bien lavée, épilée, parfumée et qu'elle ne cache aucune arme. Recouverte d'un voile léger et transparent, elle est conduite devant la chambre impériale. Au bout d'un temps déterminé, l'eunuque s'écrie par trois fois « C'est l'heure ! », avant de faire entrer la jeune femme. Devant l'entrée de la chambre impériale, des « employés au pinceau rouge » sont chargés d'enregistrer le rapport sexuel, afin de repérer les concubines stériles. Parfois, un eunuque est autorisé à entrer dans la chambre pour vérifier le bon déroulement de la copulation. Les concubines les plus prisées sont celles qui réussissent à passer la nuit entière avec l'empereur.

L'amour à la chinoise

Si elle n'attire pas les regards de l'empereur, Meiniang réussit à séduire son fils Li Zhi, l'héritier du trône. Avec lui, elle aura sa toute première relation sexuelle, découvrant les pratiques qui peuvent assurer santé, longue vie et bonheur. Selon la pensée chinoise de l'époque Tang, la sexualité repose sur plusieurs principes du taoïsme, comme la complémentarité de la terre et du ciel, du *yin* et du *yang*. Le rapport sexuel est assimilé à un transfert de fluides, l'homme absorbant l'énergie inépuisable de sa partenaire pour se régénérer. Les manuels de sexualité conseillent certaines pratiques qui permettent de conserver voire d'enrichir ses forces vitales. Les préliminaires sont importants. Au cours du premier rapport sexuel, il est conseillé à l'homme de s'asseoir à la gauche de la femme, de croiser les jambes puis de la placer sur ses genoux, en lui caressant le corps et murmurant des mots tendres. Puis il devra « attirer la femme à lui, afin que de la main gauche elle tienne sa tige de jade, tandis que lui-même de sa droite, lui frottera sa porte de jade ». Il « prouvera la force de son *yin* à elle, et sa tige de jade se dressera » quand la femme « éprouvera la force de son *yang* à lui et la Ravine de cinabre s'humectera d'un abondant écoulement de liquide ». Les partenaires peuvent alors s'unir.

La nouvelle favorite de l'empereur

À la mort de Tang Taizong en 649, Wu Zhao est reléguée, comme d'autres concubines, dans le couvent bouddhiste de Ganyeh. La jeune nonne n'y restera pas longtemps. Devenu empereur sous le nom de Gaozong, Li Zhi ne tarde pas à rapatrier la jeune concubine au gynécée impérial. Et cela à la demande de sa propre épouse, Wanghuanghou qui espère peut-être se servir de cette jeune fille pour contrebalancer l'influence de Xiao, la favorite du moment. Wu Zhao, alors âgée de 28 ans, devient vite une concubine de deuxième rang, une *zhaoyi*. Mais, malgré les efforts de Gaozong, elle ne parvient jamais à être une *Fei*, titre que lui refuseront toujours les ministres du palais.

Wu Zhao donne naissance en 653 à un garçon, Li Hong, puis à une fille, un an plus tard. L'impératrice se rend en personne à son chevet. Mais, aussitôt après sa visite, le bébé est pris de convulsions et décède. Apprenant cette nouvelle, Wu Zhao et Gaozong accusent Wanghuanghou d'avoir empoisonné leur enfant. Ce décès reste encore bien mystérieux, à tel point que de nombreux lettrés chinois ont émis l'hypothèse que l'ambitieuse concubine avait drogué son propre enfant pour écarter sa rivale. Le piège aurait fonctionné à merveille puisque l'impératrice

L'art du lit

Dans la Chine impériale, les manuels d'éducation sexuelle rencontrent un vif succès. Ils sont offerts aux jeunes mariés et utilisés par de nombreux couples de lettrés. L'une des références est le *Livre de Sou Nu*, du nom de la courtisane du mythique Empereur jaune qui aurait régné vers 2600 av. J.-C. Il ne reste de cette œuvre que des citations reprises dans des biographies rédigées au Ier siècle av. J.-C. Sou Nu aurait développé un « art du lit » afin d'enseigner aux hommes la façon de conduire leurs épouses à l'orgasme. Intéressée par les manifestations physiques du désir chez la femme, elle explique que lorsque celle-ci désire être pénétrée, « ses narines se dilatent et sa bouche s'entrouvre. Si elle désire que monte la marée du yin, son corps frémit et elle le serre étroitement. Si elle aspire ardemment à être tout à fait satisfaite, elle transpire abondamment. Si son désir a été comblé, son corps se détend et elle a les yeux clos comme si elle dormait profondément ». Sans être une œuvre de stricte éducation sexuelle, le *Livre des rites* (*Liji*), recueil de discours et d'anecdotes, peut-être compilés par Confucius, aborde la question des relations au sein du couple, sous la forme de conseils : « Même si une concubine vieillit, tant qu'elle n'a pas atteint l'âge de 50 ans, le mari s'accouplera avec elle une fois tous les cinq jours. »

est rapidement écartée du pouvoir. La voie est libre pour Wu Zhao qui, en 654, devient officiellement impératrice de Chine, sous le nom de Wu Zetian (« Mon nom est aussi immense que le ciel » en chinois) et donne à son époux trois autres garçons.

La Messaline chinoise

C'est le début d'une longue série de purges sanglantes. Wu Zhao fait d'abord condamner à mort les cinq ministres qui s'étaient opposés à elle, puis elle fait arrêter, torturer et tuer Wanghuanghou, ainsi que Xiao, l'ancienne favorite de son époux. Dominé par sa femme, Gaozong lui délègue une part de plus en plus importante du pouvoir. Mais l'impératrice, devenue ivre de pouvoir, veut gouverner seule, et même ses fils aînés, jugés trop proches du trône, vont être écartés. Li Hong, l'aîné, mourra empoisonné ; Li Xian, le deuxième sera arrêté puis exilé avant d'être finalement assassiné... Les historiens attribuent ces deux homicides à leur mère.

En 683, l'empereur Gaozong décède. L'ambition de Wu Zhao ne connaît plus de limites. Son troisième fils, Zhongzhong, l'héritier désigné pour succéder à son père au titre d'empereur, trop indépendant au goût de sa mère, va rapidement être démis de ses fonctions. Reste le dernier héritier, Ruizong, son quatrième enfant, sous la coupe de sa mère... Le terrain enfin déblayé, Wu Zhao détient à présent la totalité du pouvoir impérial. Mais cela ne la satisfait pas pleinement. Elle ne supporte pas de ne porter que le titre d'impératrice douairière. En 690, elle contraint son jeune fils à lui céder le trône, devenant ainsi la première et la seule femme dans l'histoire de la Chine à porter le titre d'empereur. Elle inaugure son règne en instaurant une nouvelle dynastie, les Zhou.

L'« empereur » et ses concubins

Wu Zhao – désormais nommée Wu Zetian – règne désormais comme un empereur, à la différence près qu'elle s'entoure d'hommes jeunes, beaux et vigoureux qu'elle fait venir de tout l'empire. Officiellement, ce sont des « élèves en philosophie », installés à la Cour pour étudier les grands penseurs chinois, tels Lao Tseu ou Confucius. Ce ne sont en réalité que des concubins, prêts à tout pour assouvir l'ardeur de « l'empereur ». Son préféré se nomme Feng Xiaobao. Il n'a pas fait d'études, c'est un artisan grand et costaud qu'elle appelle « mon petit trésor » et pour lequel elle compose des poèmes d'amour :

À travers mes larmes d'amour
Le rouge devient le vert
À force de penser à toi
Mon corps devient squelette
Ces derniers temps je ne cesse de pleurer
sur ma solitude et d'ouvrir la malle
pour admirer seule
Cette jupe rouge qui est faite pour te plaire.

Certains chroniqueurs affirment que Wu Zetian aurait entretenu jusqu'à un âge avancé une véritable Cour de concubins, sur le modèle du gynécée impérial. D'aucuns parlent même d'une « impératrice aux mille amants ».

La vie sexuelle dans l'Occident médiéval

« Mieux vaut se marier que de brûler »

Même si l'idéal chrétien demeure la virginité, l'Église admet la chasteté, une sexualité modérée et maîtrisée dans le cadre du mariage, à condition qu'elle vise à la procréation. Elle est l'héritière de la philosophie stoïcienne, qui prône l'abstinence, et bien sûr de la pensée chrétienne, notamment celle de saint Paul, fondée sur la diabolisation de la chair : « Il est bon pour l'homme de s'abstenir de la femme. Toutefois, en raison du péril d'impudicité, que chaque homme ait sa femme et chaque femme son mari. Que le mari s'acquitte de son devoir envers sa femme et parallèlement la femme envers son mari... Je dis toutefois aux célibataires et aux veuves qu'ils se marient : mieux vaut se marier que de brûler. » Cependant, cette position évolue au cours du Moyen Âge. À partir du XIVe siècle, elle s'assouplit, de nombreux théologiens tolérant des relations sexuelles sans volonté procréatrice.

Au nom de la Bible – « Tu ne commettras pas d'adultère » –, l'Église condamne l'infidélité, considérée comme un péché majeur. Au Moyen Âge, les châtiments réservés aux couples infidèles suivent le même modèle : les fautifs sont exhibés, nus et attachés dans les rues du village, contraints de faire amende honorable. Cependant, dans les faits, l'infidélité masculine est rarement punie. À l'inverse, les procès de femmes adultères sont nombreux.

Un modèle de sexualité

L'Église a défini un véritable calendrier chrétien de la sexualité. Les jeunes mariés doivent passer trois nuits de prières, les « nuits de Tobie », avant leurs premières relations sexuelles. Ce calendrier transparaît dans les pénitentiels, ces règlements rédigés par des clercs où sont référencées toutes les pratiques interdites. Chacune est assortie d'une pénitence, obligatoire et proportionnelle à la gravité de l'acte, qui permet de racheter sa faute. Les pénitentiels interdisent aux femmes toute relation sexuelle pendant leurs règles et pendant l'allaitement. Ils déterminent les jours où la sexualité est interdite : le dimanche, jour du Seigneur, le mercredi et le vendredi, jours de deuil, voire... le samedi, car veille du dimanche ! À cela s'ajoutent les périodes chrétiennes, les vingt voire les quarante jours avant les fêtes de Noël, de Pâques et de la Pentecôte. Le pénitentiel le plus célèbre, rédigé par Burchard de Worms vers 1010, détermine les pénitences en cas de manquement à ces principes : « vingt jours de jeûne » si le chrétien a eu des rapports sexuels pendant le carême. Comme l'écrit un historien, « les couples soucieux de respecter les enseignements de l'Église ne pourraient s'unir que de 91 à 93 jours par an, sans compter les périodes d'impureté de la femme » !

L'Église impose au couple chrétien un certain type de pratique sexuelle : le coït vaginal, femme sur le dos et homme couché dessus, en interdisant certaines positions. C'est le cas de la levrette, punie par le pénitentiel de Burchard de Worms : « T'es-tu accouplé avec ta femme, ou avec une autre, par-derrière, comme les chiens ? Si oui : dix jours de pénitence au pain et à l'eau. » Tout le reste – masturbation, fellation, sodomie – est assimilé à de la fornication et considéré comme péché majeur. Rares étaient cependant les couples chrétiens qui respectaient à la lettre l'éthique sexuelle imposée par l'Église. Ils pratiquaient probablement la masturbation et les positions « contraceptives », comme le *coitus interruptus* ou le *coitus interfemora* (« entre les cuisses »).

L'Église condamne également les relations sexuelles contraintes. Ce qui n'empêche pas le viol, notamment collectif, d'être une pratique répandue chez les hommes célibataires. Les historiens ont ainsi montré que, dans la seconde moitié du XVe siècle, une part importante des jeunes hommes avaient déjà violé une femme ou participé à un viol collectif.

Sexualité, déviances et superstitions

Le pénitentiel de Burchard de Worms ne compte pas moins de deux cents articles abordant presque tous les types de déviation sexuelle par rapport au modèle chrétien. Il prévoit que le célibataire qui a couché avec une femme mariée passera quarante jours au pain et à l'eau et fera sept ans de pénitence. Un homme marié qui a pratiqué la sodomie sur un autre homme sera puni par dix jours de pénitence dont un au pain et à l'eau. Même la « bestialité » (la zoophilie) est abordée, et punie par un jeûne de quarante jours au pain et à l'eau. Si elle est accomplie pendant une période interdite, le coupable risque le bûcher.

Les superstitions sont aussi visées par les pénitentiels,

comme celle qui consiste pour la femme à boire le sperme de son mari afin de renforcer son ardeur sexuelle. Elle sera punie par une pénitence de sept ans, au pain et à l'eau. Moins grave est la pratique du poisson : « As-tu agi comme font les femmes : elles prennent un poisson vivant, l'introduisent dans leur sexe, l'y maintiennent jusqu'à ce qu'il soit mort et, après l'avoir cuit ou grillé, elles le donnent à manger à leur mari pour qu'il s'enflamme davantage pour elle ? Si oui : deux ans de jeûne. »

Saint Louis, entre sexe et piété

Les rois n'échappent pas à cette « éthique sexuelle ». Louis IX fait figure de souverain modèle sur le plan de la sexualité. Lors de son mariage, il a accompli les « trois nuits de Tobie » et, au cours de sa vie, respecté le principe de continence pendant les périodes liturgiques et pendant les règles de son épouse, s'imposant même d'autres jours d'abstinence.

Pourtant, ce roi très chrétien, doté d'un fort appétit sexuel, n'hésite pas à avoir plusieurs relations sexuelles d'affilée avec la reine Marguerite de Provence, la nuit mais aussi le jour. Cette situation n'a pas l'heur de plaire à sa mère, l'autoritaire et pieuse Blanche de Castille, dont la chambre, au château de Pontoise, est située au-dessous de celle du roi. Elle a l'habitude d'accourir dans la chambre de son fils pour vérifier qu'il s'y trouve bien seul. Aussi, Louis IX met au point un stratagème. Pendant qu'il couche avec Marguerite dans la chambre de celle-ci, il charge ses huissiers de surveiller sa mère. Dès qu'elle sort, ils doivent le prévenir en frappant plusieurs coups à la porte. Louis IX a alors le temps de quitter la reine pour rejoindre son propre lit. Cette anecdote rapportée par le chroniqueur Joinville témoigne à la fois de l'autorité de la reine mère sur son fils, et surtout de l'importance du modèle chrétien d'une sexualité modérée et maîtrisée, jusqu'au sommet du pouvoir.

La prostitution, de l'Église à la municipalité

Considérée comme un « moindre mal », la prostitution est souvent encadrée par l'Église, pour protéger la stabilité du couple chrétien et détourner les jeunes gens de la masturbation voire de l'homosexualité. Les clercs imposent une série de règles aux prostituées, qui doivent être majeures et étrangères à la ville où elles exercent afin qu'il n'y ait aucun risque qu'elles couchent fortuitement avec des membres de leur famille. Elles ne doivent accueillir ni clercs ni juifs. Certains bordels appartiennent même à des monastères ou à des chapitres. À partir du XIVe siècle se développent des établissements publics, institués par les municipalités et affermés à des tenanciers. Ces derniers s'associent à des rôtisseurs pour offrir à leurs clients le couvert et le vin.

Pour un quart d'entre elles, les prostituées sont d'anciennes filles violées. Elles commencent comme « filles secrètes » à 17 ans, avant de devenir chambrières à 20 ans puis pensionnaires à 30 ans. Les municipalités veillent à ce qu'elles ne soient pas plus jeunes, et condamnent au bannissement les tenanciers recrutant des enfants. Le nombre des prostituées varie selon les villes : au milieu du XVe siècle, elles sont soixante-dix à Lyon et cent à Dijon. La plupart sont itinérantes, vagabondant de villes en villages, au gré des foires. D'autres sont installées dans des établissements, comme les auberges, les tavernes et les étuves. Les tarifs varient tout autant : de cinq deniers à soixante deniers la passe (l'équivalent d'une journée de travail) dans la ville de Dijon, selon la catégorie de l'établissement. Un tiers de la recette revient au tenancier car il fournit la chambre, l'éclairage et le linge.

Étuves « honnêtes »...

Les étuves font partie des hauts lieux de la sociabilité médiévale. La plupart des grandes villes d'Occident en abritent : Paris en compte vingt-sept en 1292, Francfort une quinzaine, et Dijon sept à la même époque. Elles sont situées au bord d'une rivière ou d'un fleuve. Ces bains de vapeur sont chauffés par l'extérieur grâce à un courant d'air chaud, ou de l'intérieur en plongeant des pierres brûlantes dans un seau d'eau. Le plus souvent, les étuves disposent de baignoires en bois pour une ou deux personnes. Ce sont des lieux d'hygiène, relativement peu onéreux. Pour neuf deniers, il est possible de prendre un bain d'eau tiède suivi d'un bain de vapeur, avant de se sécher avec une serviette fournie par la maison. On peut aussi se faire raser, couper les cheveux et brosser le dos ou le ventre. C'est pourquoi ces établissements sont le plus souvent tenus par des barbiers, à tel point qu'à Orléans les étuves sont indiquées par des enseignes en forme de plat à barbe.

... et « malhonnêtes »

Les étuves sont mixtes, au niveau de la clientèle comme du personnel. Elles emploient des étuvières et des chambrières, chargées de laver les clients, notamment de leur nettoyer les cheveux, les oreilles et les pieds. Autant d'éléments qui favorisent la promiscuité et les relations sexuelles. Hauts lieux de la prostitution, elles sont équipées pour le plaisir : baignoires à deux places et petites tables en bois pour boire et manger face à face, chambres au premier étage, comme dans l'étuve de la rue Cazotte, à Dijon. À Orléans, ceux qui veulent s'isoler peuvent louer une chambre disposant d'un cuvier et d'un lit à baldaquin.

Les étuves vont vite acquérir une très mauvaise réputation. Le voisinage se plaint fréquemment du bruit et des cris : « On oyait crier, hutiner, saulter, tellement qu'on était étonné que les voisins le souffrissent, la justice le dissimulât, et la terre le supportât. » Les pouvoirs royaux ou municipaux tentent à plusieurs reprises de contrôler les étuves. En 1254, Louis IX impose un règlement interdisant la présence de prostituées dans ces établissements : « Que nul du dit mestier ne soutienge en leurs étuves, bordiaux de jour et de nuit. » En vain... Ce n'est qu'au XVe siècle que les municipalités remettent en question la mixité complète, en imposant des jours pour les femmes et d'autres pour les hommes.

TROISIÈME PARTIE

LA RENAISSANCE

Alexandre VI

Pape de la nouvelle Babylone

Connu pour ses nombreuses conquêtes féminines, Rodrigo Borgia, élu pape en 1492, ne choisira jamais entre sa fonction et son attirance pour les femmes. Son pontificat, devenu le symbole de la dépravation romaine, est la cible des sermons enflammés du moine florentin Savonarole et des critiques dévastatrices de Martin Luther. Avec lui et ses deux enfants, César et Lucrèce, la Cour des papes devient le symbole de la nouvelle Babylone, une autre Sodome ! Le nom de Borgia reste à jamais associé aux pires orgies, crimes et débauches de l'histoire de la papauté.

L'ascension d'un cardinal espagnol

Né en Espagne, à Xàtiva, près de Valence, en 1431, Rodrigo Borgia semble être né pour les plaisirs. Avant qu'il ait atteint l'âge adulte, son entourage ne cesse de s'émerveiller de ses magnifiques yeux noirs. Son visage angélique respire la gaieté et sa conversation émeut le sexe faible. Son ancien précepteur, Gaspare da Verona, s'inquiète de son habileté à cacher ses conquêtes et s'interroge sur le nombre de celles qui « ont succombé ».

Sa rouerie va certainement accélérer son ascension.

Contexte historique

Neveu et fils adoptif du pape Calixte III, Rodrigo Borgia choisit la carrière ecclésiastique et devient pape en 1492 sous le nom d'Alexandre VI en achetant les voix de certains cardinaux. Il se montre un grand mécène, découvreur de talents et protecteur des arts (Michel-Ange, Raphaël) mais s'attire aussi l'hostilité des autres prélats qui tentent de le faire déposer pour simonie, corruption, débauche... Au début des guerres d'Italie, aux côtés de l'Espagne, il prend la tête de la coalition anti-française contre Charles VIII. Pour agrandir les territoires pontificaux, il s'allie au nouveau roi de France, Louis XII. Son règne est marqué par la promulgation de la bulle *Inter Cœtera* (en 1493) qui établit le partage, entre l'Espagne et le Portugal, des territoires du Nouveau Monde, où sont envoyés les premiers missionnaires. Son fils, César Borgia, ambitieux et sans scrupules, servira de modèle au *Prince* de Machiavel.

Par son entregent, notamment auprès des femmes, il est nommé cardinal en 1456. Il n'a que 25 ans... De l'expression italienne *cardinal fregnese* qui désigne l'acte charnel, il tire son surnom de « cardinal du jupon ». Dès 1460, le pape Pie II est obligé de réprimander Rodrigo dont les frasques deviennent fameuses. Il lui écrit : « Cher Fils, là il y a quatre jours, plusieurs dames de Sienne se réunirent dans les jardins de Gianni de Bichis. Ta dignité, oublieuse de la charge qu'elle exerce, s'attarda auprès d'elles jusqu'à 22 heures. Aucun des plaisirs de l'Amour ne fut négligé. Et pour que vos plaisirs licencieux puissent être plus libres, ni mari ni frère n'avaient été admis. Notre déplaisir est indicible. »

Le cardinal volage

Désormais installé en Italie, le beau Rodrigo ne s'assagit pas pour autant. Sa première maîtresse sérieuse se nomme Vannozza Cattanei. Issue de la noblesse romaine, cette plantureuse blonde aux yeux clairs prend souvent le chemin de l'abbaye de Subiaco, niché dans un vallon des Apennins. Là, le palais abbatial abrite les amours de la belle avec le voluptueux cardinal. De cette liaison secrète naissent Juan en 1474, César en 1475, Lucrèce en 1480 et Gioffré en 1482. Pour sauvegarder les apparences, Rodrigo marie Vannozza à un vieil avocat et installe le couple près de Saint-Pierre, à Rome. Mais le mari de convenance devient vite encombrant. En 1483, la relation de Vannozza avec son époux n'étant pas aussi platonique que Rodrigo l'eût souhaité, le cardinal met fin à sa liaison amoureuse.

Entre-temps, dans la nuit du 11 au 12 août 1492, les cardinaux rassemblés à la chapelle Sixtine élisent à l'unanimité le cardinal Rodrigo Borgia au siège pontifical. Le candidat rival, Ascanio Sforza, n'a pas été insensible aux promesses alléchantes qui lui ont été faites, compte tenu des immenses richesses que Rodrigo Borgia a héritées de Calixte III...

Le nouveau pape, qui n'a décidément pas retenu les recommandations de Pie II, tombe amoureux d'une jeune beauté de 16 ans, Julie Farnese. Elle devient rapidement sa maîtresse. Le jour où les soldats du roi de France enlèvent Julie, Alexandre VI paie la rançon sans attendre et se précipite aux portes de la cité de Rome pour guetter le retour de sa blonde. Le bruit se répand aussi que le pape apprécie les jolis garçons, comme Astorre Manfredi, le seigneur de Faenza. Alexandre le fait venir au château Saint-Ange, le viole et le fait disparaître dans le Tibre après leurs ébats.

Des papes guerriers et pères de famille

Au cours de l'histoire de l'Église, les papes ont dû combattre, par la ruse et les armes, les menaces extérieures des rois et des princes, pour défendre le christianisme et le royaume de Dieu. La papauté s'est transformée au fil des siècles en une importante puissance séculaire, perdant partiellement son aspect spirituel pour devenir une entité terrestre et temporelle. Les territoires de la papauté s'élargissent aussi sur le plan géographique, nécessitant l'organisation d'une armée. Les souverains pontifes sont devenus des monarques absolus et despotiques aux mœurs souvent dissolues. Le successeur d'Alexandre VI, Jules II, élu en 1503, père de trois filles, sera aussi un grand guerrier qui luttera contre tous ceux qui oseront défier son autorité. Léon X, de la célèbre famille des Médicis, régnera de 1513 à 1521, et laissera fleurir la corruption au point que les indulgences deviendront de simples marchandises... Arrivé au sommet de la hiérarchie catholique, Alexandre VI n'essaie même plus de dissimuler ses coupables inclinations et la Cour pontificale, déjà largement hypocrite, s'enfonce dans le vice généralisé. Il règne sur la curie, où même les apparences ne sont plus préservées, une atmosphère de débauche.

La légende des Borgia

Dans cette atmosphère délétère, la jeune Lucrèce Borgia, 17 ans, ensorcelle l'entourage de son père par son incroyable beauté. Pour Alexandre VI, ses enfants sont les pièces maîtresses d'une habile politique diplomatique. Juan, son premier fils, devient duc de Gandie. César épouse une princesse française, Charlotte d'Albret, et il est fait duc de Valentinois par le roi de France. Quant à Lucrèce, Alexandre VI lui fait jouer le rôle principal en lui choisissant pour époux Giovanni Sforza, neveu du duc de Milan et célèbre condottiere. Les noces sont fastueuses et l'ambiance « coquine » : on prend plaisir à lancer les dragées pour qu'elles retombent dans les corsages des dames. Pour croquer les délicieuses amandes, les coquins n'hésitent pas à plonger la main dans les décolletés... Après quelques comédies licencieuses, les époux sont envoyés au lit. Soucieux de bénir la nouvelle union, Alexandre VI les suit dans la chambre et assiste à la consommation du mariage ! Puis, comme le pape ne peut se passer de sa fille, il décide de la retenir auprès de lui à Rome. Il casse le mariage pour... non-consommation causée par l'impuissance de l'époux ! Fou de rage, Giovanni Sforza répand la rumeur de relations incestueuses entre Lucrèce et son père. Plus sûrement, Lucrèce répond aux avances d'un jeune et beau camérier, Pietro Perotto, et tombe enceinte. En présence du pape, son frère César poignarde Pietro dont le sang vient gicler sur la blanche robe pontificale d'Alexandre VI. Rome et toute la chrétienté sont éclaboussées par le scandale.

Il faut coûte que coûte préserver la réputation de Lucrèce et garder l'enfant auprès de la famille : Alexandre VI rédige une bulle pontificale qui présente le rejeton comme celui de César. Plus tard, une seconde bulle, connue à la mort du pape, attribuera la paternité à Alexandre VI lui-même. De quoi alimenter les rumeurs d'inceste au sein de la famille Borgia ! Dans les tavernes de Rome, les langues se délient, les rires fusent. On retrouve un énorme phallus cloué sur un portail du Vatican, accompagné de ce commentaire : « Pour Lucrèce *ad usum Alexandri* ». Il s'agit de remarier Lucrèce au plus vite. Elle épouse alors un neveu du roi de Naples, Alphonse d'Aragon, duc de Bisceglie, mais son époux est assassiné en 1500, sur les ordres de son frère César. Alexandre VI lui trouve ensuite un époux respectable (et politiquement utile) en la personne du duc Alphonse Ier d'Este. À la fin de l'année 1501, Lucrèce quitte Rome. Enfin soustraite à l'influence de sa terrible famille, elle mène une vie plus convenable et se fait la protectrice d'artistes et de poètes comme l'Arioste, Bembo et Josquin des Prés.

Mais on n'échappe pas à son destin. Quelque temps après la mort de Lucrèce, survenue le 24 juin 1519, Jacopo Sannazaro, un poète et humaniste, écrira cette épigramme acerbe :

Dans ce tombeau dort Lucrèce
Qui porterait mieux le nom de Thaïs
Car elle fut la fille, l'épouse
Et la bru d'Alexandre VI.

Les dernières années du pape libertin

Tout au long de sa vie, Alexandre VI continue à bafouer sa fonction papale. La veille de la Toussaint 1501, il annonce qu'il ne participera pas aux vêpres. En revanche, il convie les cinquante plus belles courtisanes de Rome à un gigantesque festin. Ces dames pratiquent un habile effeuillage devant l'assemblée des invités présidée par le pape. On prie les demoiselles, entièrement nues, de marcher sur les tables, sur les pieds puis sur les mains au-dessus des chandelles, offrant le spectacle de leur intimité aux convives. À quatre pattes, elles doivent prendre en bouche les châtaignes que leur jettent les convives. Les esprits s'échauffent et bientôt, on envisage des moyens plus osés pour que les dames s'emparent des châtaignes. Pour finir sa soirée, Alexandre VI offre les graciles courtisanes aux jeunes hommes de l'assistance. Un jury très attentif attribue de superbes cadeaux aux plus virils…

Le vieux pape s'éteint en 1503, après une nouvelle soirée de débauche. Certains prétendent qu'il a été empoisonné mais il est plus probable que son décès est dû au choléra. Son cadavre est injurié et maltraité avant d'être rapporté et enterré en Espagne.

Une personnalité complexe

Alexandre VI est sans aucun doute responsable de la mauvaise réputation de l'Église catholique au début du XVIe siècle et des conséquences qui s'ensuivent avec l'apparition du protestantisme. Aujourd'hui pourtant, les historiens remettent en cause la thèse selon laquelle Alexandre aurait eu un comportement incestueux avec sa fille Lucrèce, et doutent qu'il ait été le meurtrier que décrit la légende. En revanche, il est établi qu'il aimait les plaisirs de la chair et qu'il a eu plusieurs enfants après son accession au pontificat. Parallèlement, on loue ses nombreuses qualités : sens de l'administration, grande énergie, promotion des études savantes à l'université de Rome… Le pape a aussi su assainir les finances papales et récupérer les territoires pontificaux gouvernés par des seigneurs locaux. En fin diplomate, il a tenté d'unir le monde chrétien contre les Turcs. Esprit particulièrement brillant, Alexandre VI a fait preuve au cours de son pontificat d'une grande ouverture d'esprit et d'une rare habileté diplomatique, en étant un administrateur avisé aimé du peuple de Rome. Quant à Lucrèce, loin du portrait de funeste prédatrice qui en est fait, elle n'aurait été qu'un jouet entre les mains de son père, un docile instrument utilisé pour satisfaire des ambitions politiques.

Les derniers Valois

Des rois débauchés ?

Dans la seconde moitié du XVIe siècle, le sexe devient un instrument de propagande. Henri III le sodomite, Marguerite de Valois débauchée et incestueuse... La légende noire des derniers Valois traduit l'importance du sexe dans les attaques contre le pouvoir à la fin du XVIe siècle et au début du XVIIe siècle. L'objectif est clair : remettre en question la légitimité chrétienne d'une dynastie à bout de souffle.

Charles IX, le bouillant

Cinquième des dix enfants d'Henri II et de Catherine de Médicis, Charles IX accède au trône de France à l'âge de 10 ans. Le garçon fait dès son plus jeune âge preuve d'un tempérament de feu. Il est pourtant déniaisé tard, à 20 ans, le soir de son mariage avec Élisabeth d'Autriche, la fille de l'empereur Maximilien II, jolie mais dévote, réservée et froide. La nuit de noces ressemble à un véritable combat entre « le feu et l'eau » : « Le roy avait un pistollet qui avait forcé au corcelet d'Allemagne », résume Gassot, un courtisan. Un an plus tard, Charles IX commence à entretenir des maîtresses : la jolie roturière Marie Touchet qui lui donnera un bâtard, et Anne d'Acquaviva, une intrigante bien connue à la Cour. Il montre beaucoup

Contexte historique

Avec la mort brutale d'Henri II en 1559 s'achève le « beau XVIe siècle », cette époque de renaissance des arts, des lettres et des savoirs qu'avaient encouragée les Valois, et en premier lieu François Ier. La fin des Valois s'amorce en 1562 quand le massacre de protestants à Wassy plonge le pays dans une succession de guerres de religion entre catholiques et protestants. Tensions qui culminent avec le massacre de la Saint-Barthélemy en 1572, se poursuivent avec l'assassinat du duc de Guise en décembre 1588 et ne s'achèvent qu'en 1598 avec l'édit de Nantes. Pendant cette période, parmi les plus troublées de l'histoire de France, deux souverains, Charles IX (1560-1574) puis Henri III (1574-1589), tentent de régner sous la haute autorité de leur mère, l'intrigante Catherine de Médicis. Ces derniers Valois et leur sœur Marguerite, la fameuse « reine Margot », subissent les insultes et les calomnies croisées des protestants et des ultra-catholiques.

d'ardeur à honorer celle-ci : « Le roy demeure qui faict l'amour extrêmement », et ce en toute discrétion : « Il a faict loger sa maîtresse en une chambre à part, où il va de son cabinet, et est sur les neuf heures ou dix heures du soir, il feint d'aller escrire en un livre qu'il compose, et va là où il demeure quelques fois jusques à une heure après minuit », écrit Jeanne d'Albret. Tourmenté, excessif, impulsif et violent, le jeune roi reste soumis à l'emprise de sa mère, Catherine de Médicis. C'est probablement elle qui va le convaincre de faire assassiner les chefs de la faction protestante, déclenchant ainsi le massacre de la Saint-Barthélemy, le 24 août 1572. Ces dramatiques événements qui le font passer pour un fanatique auprès du peuple affaiblissent durablement le roi, de santé fragile. Il décède le 30 mai 1574, terrassé par la tuberculose.

Henri III et ses mignons

Henri est le fils préféré de Catherine de Médicis, son « bel étalon » selon ses propres termes. À son avènement en 1574, à la mort de Charles IX, Henri III est un homme d'une élégance rare qui aime porter des boucles d'oreille, d'énormes fraises, des justaucorps moulants et des escarpins blancs. Obsédé par la propreté, il se lave et se change jusqu'à sept fois par jour. On raconte qu'il lui arrivait de se déguiser en femme, lors de bals à la Cour.

Henri III aime s'entourer de jeunes gens de la « noblesse seconde », audacieux combattants et courtisans raffinés : les mignons, terme qui désigne d'abord des favoris, sans aucune connotation sexuelle. Henri III a accordé à certains nobles, comme Damville, ou à son frère François d'Alençon, le privilège de dormir avec lui dans son lit, sans pour autant avoir de relations sexuelles. Au cours de son règne, ces « mignons de couchette », de plus en plus présents, occupent des postes importants. François d'O, surintendant des Finances, Henri de Saint-Sulpice, capitaine des cent chevau-légers de la garde, Jacques de Caylus et François d'Espinay de Saint-Luc forment la « petite bande du roi ». Dans les années 1580, le duc Anne de Joyeuse, grand amiral de France, et Jean-Louis de Nogaret d'Épernon, premier gentilhomme de la Chambre du roi, deviennent de très proches conseillers du souverain, à tel point qu'ils sont appelés ses « archimignons ». Tous se font remarquer par leur apparence très efféminée. Ils portent les cheveux longs « frisés, refrisés, enchiffrés, godronnés » débordant de leurs petits bonnets, « comme font les putains du bordeau ». Leur mode de vie est pain bénit pour les pamphlétaires et les chroniqueurs de l'époque. Grand audiencier à la chancellerie du Parlement de Paris, Pierre de L'Estoile compose des petits poèmes incendiaires : « Saint-Luc, petit qu'il est, commande la troupe Hautefort, / Caylus, ne trouve qu'en son cul tout son avancement / d'O aime le jeu de mains / Sagonne est un peu bougre et noble nullement. » Sous sa plume, la Cour devient une nouvelle Sodome : « La sodomie y règne tellement, qu'il y a presse à mettre la main aux braguettes, les instruments desquelles ils appellent entre eux par un vilain jargon, les Épées du chevet. » Loin d'être épargné, Henri III est bientôt qualifié de « putain fardée », de « roi femme » ou « d'homme reine ». En fait, Henri III, comme la plupart de ses mignons, n'est pas homosexuel, même s'il a pu dans sa jeunesse avoir une expérience avec un homme. Au contraire, cet homme à femmes aime tendrement son épouse, Louise de Lorraine, tout en collectionnant les maîtresses : Veronica Franco, une superbe Vénitienne, Mlle de Rouet, Louise de Châteauneuf, Mlle de La Mirandole, Mlle de Stavay. Il restera à jamais traumatisé par la mort en 1574 de la grande passion de sa vie : Marie de Clèves qui aura toujours résisté à ses avances.

La reine Margot, excitante, infidèle, dépravée ?

Fille d'Henri II et de Catherine de Médicis, sœur de Charles IX et d'Henri III, Marguerite de France (1553-1615), la fameuse « reine Margot », cristallise, dès son plus jeune âge, les fantasmes de ses contemporains. Tous admirent son beau visage, sa bouche gracieuse et surtout, comme Ronsard, ses « deux monts de lait qu'un vent presse et represse [...] comme deux coings gonflés se pommelaient en deux tétins messagers de jeunesse ».

Après une idylle avec le très catholique Henri de Guise, la jeune femme est poussée par sa mère à épouser, le 18 août 1572, Henri de Navarre, le futur Henri IV, à l'époque chef du parti protestant. Ce mariage politique, destiné à consolider la paix de Saint-Germain conclue deux ans plus tôt entre catholiques et protestants, tourne au fiasco. Pendant qu'Henri de Navarre enchaîne les aventures, Marguerite collectionne les amants, parmi lesquels Joseph de Boniface de La Mole, Bussy d'Amboise, Harlay de Champvallon ou d'Aubiac...

Henri de Navarre n'y prête guère attention. Mais les pamphlétaires et les libellistes se déchaînent contre Marguerite de Valois. Dans le *Divorce satyrique* rédigé vers 1607, il est écrit qu'elle aurait eu sa première relation sexuelle à l'âge de 12 ans. Ses tout premiers amants auraient été ses propres frères ! La jeune femme serait une véritable mangeuse d'hommes, choisissant ses proies parmi les courtisans et les capitaines comme Bussy d'Amboise qui « maintes fois la baisait tout en jupe sur la porte de sa chambre ». « Vicieuse et folle », elle cultiverait aussi un goût prononcé pour le sexe macabre. Elle aurait l'habitude de faire l'amour dans un « lit éclairé de divers flambeaux entre deux linceuls de taffetas noir ». Pire, elle aurait recueilli dans un sac brodé de perles la tête décapitée de son amant La Mole, exécuté en 1574 pour trahison. Exilée par son frère Henri III en Auvergne, elle « se saoule » de domestiques, de valets de pied, de cuisiniers, de muletiers et de chaudronniers. L'auteur du *Divorce Satyrique* se montre même ordurier lorsqu'il la décrit comme « un haut-de-chausse à trois culs [...] le plus puant et le plus infect trou de tous ceux qui pissent ».

La plupart des pamphlets écrits contre Marguerite, en premier lieu le *Divorce satyrique*, sont des tissus de mensonges. Ils ne visent qu'à affaiblir Henri de Navarre, devenu en 1589 le roi Henri IV. Marguerite n'est ni lubrique, ni dépravée, ni incestueuse. C'est une femme sensuelle qui a connu de véritables histoires d'amour, intenses et profondes, notamment avec La Mole ou d'Aubiac. Dans ses lettres à Harlay de Champvallon, elle écrit préférer l'union des esprits, la fusion des âmes à celle des corps. Pour autant, elle reste une femme voluptueuse dont les désirs ne se sont pas émoussés avec les années. À 50 ans passés, devenue « horriblement grosse », Marguerite s'éprend de très jeunes hommes : Vermont (18 ans), Date de Saint-Julien, un page arlésien (20 ans), ou Hector Regnault de Bajaumont.

L'époque des dames galantes

Chroniqueurs et mémorialistes se mettent à retracer la sexualité réelle ou fantasmée de leurs souverains. Pierre de Bourdeille, dit Brantôme (vers 1542-1614), connu pour ses écrits légers, a laissé une œuvre unique en son genre : *Les Vies des dames galantes* (publiées en 1666), véritable catalogue du sexe bizarre fourmillant d'anecdotes grivoises. Tel ce mari qui, surprenant sa femme avec son amant « tous deux couchés et accouplés ensemble », « investit le jeune homme tout couché, joint et collé sur sa femme, et en jouit ». Dans cette œuvre, l'homosexualité féminine a une place de choix. L'auteur décrit ces grandes dames de l'entourage du cardinal d'Armagnac, archevêque de Toulouse, surprises « toutes retroussées et leurs callesons bas » en train de « se coucher l'une sur l'autre, s'entrebaiser en forme de colombes, se frotter, s'entrefriquer, bref se remuer fort, paillarder et imiter les hommes ».

Venu d'Italie au XVe siècle, l'usage du godemichet est loin d'être inconnu dans les cours de France comme le rapporte Brantôme. Il évoque deux dames surprises par un prince alors qu'elles utilisent le précieux objet : « L'une se trouva saisie et accommodée d'un gros entre les jambes, gentiment attaché avec de petites bandelettes à l'entour du corps, qu'il sembloit un membre naturel. Elle en fut si surprise qu'elle n'eut loisir de l'oster ; tellement que ce Prince la contraignit de lui monstrer comment elles deux se le faisoyent. » En faisant fouiller les chambres du Louvre afin de vérifier que ses courtisans ne détenaient pas d'armes, Catherine de Médicis découvrit dans le coffre d'une dame « quatre gros godemichis gentiment faconnez » !

Pris au cœur des meurtrières guerres de religion qui ensanglantent et partagent le royaume de France, Charles IX et Henri III, les deux derniers Valois et leur sœur Marguerite, traînent aujourd'hui encore une sordide réputation de sadiques, de débauchés et de dépravés, largement relayée par les œuvres littéraires comme *La Reine Margot*.

QUATRIÈME PARTIE

LES TEMPS MODERNES

Louis XIV

Un roi tout feu tout flamme

Le règne de Louis XIV, monarque absolu, dit le Roi-Soleil, installe la France au sommet de sa puissance. Outre son rayonnement politique et culturel, Louis XIV s'illustre par le nombre de ses conquêtes amoureuses, épisodiques ou régulières. Il entretient ses nombreuses maîtresses dans le faste. Dix-sept enfants naîtront de ses aventures extra-conjugales, dont huit seront légitimés, et l'on estime que trois cents courtisanes attendaient quotidiennement de recevoir ses faveurs à la Cour de Versailles.

Dépucelé à 15 ans !

Bien que ne mesurant qu'1,65 m, Louis XIV est un bel homme qui impressionne par sa prestance et son élégance. C'est un charmeur athlétique, plein d'esprit, assorti d'un amoureux infatigable. Le souverain apprécie aussi les exercices physiques : le jeu de paume et surtout la chasse.

Dans les familles royales, la tradition veut qu'une grande dame, complaisante et d'âge mûr, se charge de l'initiation sexuelle du jeune prince. La mère du roi, Anne d'Autriche, craint qu'une mauvaise rencontre ne convertisse son fils à l'homosexualité, le « vice d'Italie » fort répandu à la Cour, qui touchera d'ailleurs son frère Philippe. Aussi charge-t-elle

Contexte historique

Le futur roi, prénommé Louis-Dieudonné, est âgé d'à peine 5 ans lorsque son père, Louis XIII, décède, en 1643. La régence est confiée à sa mère, Anne d'Autriche, assistée du cardinal de Mazarin. À la mort de celui-ci en 1661, Louis XIV prend personnellement et fermement en main le gouvernement de la France. Mécène auprès des artistes, des écrivains et des hommes de science, il mène aussi une brillante politique de conquêtes territoriales. En faisant construire l'incomparable château de Versailles et en réunissant autour de lui la noblesse, le roi réussit à la mater. Quand il meurt le 1er septembre 1715 d'une gangrène sénile à la jambe, Louis aura régné soixante-douze ans, ce qui fait de lui le monarque qui aura gouverné le plus longtemps en Europe.

de cette mission l'une de ses dames d'honneur, la baronne de Beauvais, surnommée « Cathau la Borgnesse » car elle a perdu un œil. Ardente et expérimentée, celle-ci s'acquitte de cet honneur avec beaucoup d'habileté. Un jour, ayant trouvé le jeune roi errant seul dans les couloirs du palais du Louvre, elle se jette sur lui et lui met la main dans la culotte sans lui laisser le temps d'hésiter. Il a 15 ans, elle, 42 ! Mme de Beauvais l'entraîne aussitôt dans sa chambre et fait de lui un homme... Les jours suivants, Louis XIV retourne chez Mme de Beauvais dont le tempérament de feu satisfait pleinement son ardeur juvénile. En récompense pour services rendus au royaume, l'initiatrice reçoit le magnifique hôtel de Beauvais situé dans le quartier du Marais, à Paris.

Après ces fougueux débuts, le roi désire un peu de variété et, comme le rapporte Saint-Simon, « tout lui fut bon, pourvu que ce fussent des femmes ». C'est à cette époque

que Louis XIV rencontre son premier véritable amour : Marie Mancini, nièce de son Premier ministre, le cardinal Jules Mazarin. Elle était « laide, grosse, petite et l'air d'une cabaretière » aux dires de l'écrivain Bussy-Rabutin. Leur idylle dure deux ans jusqu'à ce que le cardinal Mazarin et Anne d'Autriche parviennent à écarter la jeune fille de la Cour, en 1659. La raison d'État dicte alors au roi de contracter une alliance avec la maison d'Espagne.

Devoirs conjugaux et infidélités

Afin de rétablir la paix entre la France et l'Espagne, Louis épouse Marie-Thérèse d'Autriche, fille du roi d'Espagne, le 9 juin 1660. La reine ne parle pas un mot de français, elle ne brille pas non plus par son esprit, et sans être laide, elle est pour le moins ingrate physiquement. Bien que dévote, Marie-Thérèse est toujours prête à remplir ses « devoirs » conjugaux – au moins deux fois par mois –, même si cela signifie aussi partager ses appartements avec les maîtresses du roi. Louis honore pourtant ses obligations d'époux avec régularité et dès novembre 1661 naît Louis, le Grand Dauphin. La reine mettra au monde six enfants de Louis XIV, mais seul le Dauphin survivra.

Un scandale entacha cependant l'honneur de cette femme malheureuse et très pieuse. Marie-Thérèse avait à son service un nain noir surnommé « Nabo » qu'elle aimait beaucoup et qui passait ses journées à la distraire et à la faire rire. En novembre 1664, la reine aurait accouché d'une petite fille à la peau noire, que l'on aurait aussitôt cachée dans un couvent en prétendant que le bébé était mort. La reine a-t-elle cédé à son serviteur dans un moment de faiblesse ? Elle essaya de se justifier en expliquant que durant sa grossesse, son nain lui fit un jour une telle frayeur qu'à la suite de cet incident son enfant naquit avec la peau noire. Plus tard, Mme de Maintenon, la maîtresse du roi, le Grand Dauphin et certains courtisans seraient allés visiter une mystérieuse religieuse au teint sombre, élevée aux frais de l'État... Après le scandale, Nabo aurait été embastillé sur ordre du roi. Quant à Marie-Thérèse, avant de mourir elle prononça cette bien étrange phrase : « Depuis que je suis reine, je n'ai eu qu'un seul jour heureux. » Songeait-elle à son amour pour Nabo ? Était-il ce mystérieux personnage passé à la postérité sous le nom de Masque de fer ? Le mystère reste entier...

Maîtresses en titre et occasionnelles

Louis, dont Voltaire disait : « Il aime les dames, et c'est réciproque », fait de sa Cour une fête perpétuelle. Le roi se montre généreux envers toutes ses maîtresses et les couvre de richesses et d'honneurs. Entouré d'une suite servile dès son réveil et jusqu'au moment où il se retire le soir, Louis règle chaque détail de la ronde perpétuelle des chasses, des bals et des dîners qui font de sa Cour le centre de la culture européenne. Dès sa « liberté retrouvée », il emprunte le labyrinthe des passages secrets de Versailles pour rendre visite à l'une ou l'autre de ses maîtresses. Un observateur de l'époque écrit : « II faut avoir quelque indulgence pour ce prince s'il faute, entouré qu'il est de tant de diablesses qui cherchent toutes à le tenter. » Les femmes sont d'ailleurs encouragées dans cette recherche des faveurs du roi par leur famille, par leur père, leur mère et parfois par leur mari !

En 1661, Louis XIV tombe amoureux de Louise de La Vallière, l'une des dames d'honneur de sa belle-sœur. Cette belle femme frêle et naïve, dont les regards ont un charme inexprimable, devient la première favorite en titre. Très amoureux dès la première rencontre, le grand souverain écrit une lettre à Louise pour, humblement, lui demander un rendez-vous. Le soir même à minuit, le roi, inquiet et agité, escalade les murs, parvient à la terrasse, trouve la fenêtre ouverte et entre chez la suivante de la duchesse qui le conduisit à la porte de la chambre de Mlle de La Vallière. De leur liaison naquirent quatre enfants dont deux survécurent et furent légitimés.

Aussitôt connue, cette liaison suscite à la Cour un regain de jalousie des innombrables intrigantes qui cherchent à s'attirer les faveurs du roi. Louis remarque alors Catherine Charlotte de Gramont, princesse de Monaco, une jeune personne ravissante, futée, spirituelle, piquante, qui partage à l'époque le lit de Lauzun, le célèbre séducteur. Après une cour pressante du roi, la princesse se laisse séduire sans trop hésiter.

Mme de Montespan... et les autres

La véritable menace pour Louise de La Vallière arrive par l'une de ses plus proches amies : Françoise Athénaïs de Rochechouard de Montemart, marquise de Montespan. Issue d'une très ancienne famille, elle est d'une beauté incomparable avec ses yeux bleus immenses, ses lèvres pulpeuses, sa gorge plantureuse et ses cheveux couleur maïs, longs et épais, tombant délicatement sur de magnifiques épaules. Elle est de surcroît intelligente, amusante et brillante en société. Dès 1667, Mme de Montespan supplante Louise de La Vallière dans le cœur du roi.

Au début de l'année 1669, Louis XIV n'hésite pas à installer Louise et Athénaïs au château de Saint-Germain, dans deux appartements contigus, desservis par une porte unique... Chaque soir, l'âme en paix, il se rend chez ses favorites et y prend son plaisir. « C'était, nous dit Mlle de Montpensier, ce qu'on appelait aller chez les dames. » Il entre d'abord dans la chambre de Louise et, suivant l'humeur, se met au lit avec elle ou passe chez Athénaïs. Mme de Montespan a presque toujours la préférence. Cette assiduité porte rapidement ses fruits, Mme de Montespan accouche à la fin de mars 1669 d'une délicieuse petite fille.

Le roi n'agit pas toujours en grand seigneur. Il lui arrive parfois de se comporter en véritable mufle. La princesse Palatine, seconde épouse de Philippe de France, frère du roi, raconte comment, au retour de la chasse, Louis vient se débotter, se poudrer, s'habiller chez Mlle de La Vallière, la salue à peine et passe dans l'appartement de Mme de Montespan, laisse la porte entrouverte et y demeure toute la nuit. Parfois, « poussé par la Montespan, Louis prenait son petit chien, un joli épagneul nommé Malice, et le jetait à la duchesse en lui disant : "Tenez, Madame, voilà votre compagnie ! Cela vous suffira." Ce qui était d'autant plus dur qu'au lieu de rester chez elle, il ne faisait qu'y passer pour aller chez l'autre ».

Humiliée, Louise de La Vallière choisit en 1674 d'entrer en religion, au couvent des Carmélites. La liaison avec Mme de Montespan devenue officielle, son mari, le marquis de Montespan, manifeste son désaccord et sa jalousie en se présentant à la Cour en habits de deuil. Louis XIV prononce alors leur divorce et Mme de Montespan devient la maîtresse de lit du roi. La liaison se poursuit durant dix-sept ans, et la favorite mettra au monde huit enfants dont les six survivants seront légitimés. Le souverain se servira aussi de sa favorite à bon escient, selon Mme de Sévigné, comme

« d'une beauté à faire admirer à tous les ambassadeurs du monde... ».

Malgré la longévité de leur relation, le roi continue à multiplier les aventures : la princesse de Soubise, Mlle des Œillets, femme de chambre de Mme de Montespan, la superbe Mlle de Ludres, et enfin la jeune duchesse de Fontanges. Cette délicieuse blonde de 18 ans faillit bien devenir la nouvelle favorite en titre, même si on disait qu'« elle était belle comme un ange et sotte comme un panier ». Mais elle tomba gravement malade et mourut après onze mois d'agonie en juin 1681. Il se murmura même qu'elle avait été empoisonnée...

Un appétit sexuel incroyable

Doté d'une vigueur sexuelle peu commune, le roi était considéré comme un excellent amant. Sous l'influence stimulante d'Athénaïs, on parle de trois relations longues et quotidiennes, sans compter les à-côtés...

Pourtant, durant une grande partie de sa vie, le roi eut discrètement recours aux aphrodisiaques par l'intermédiaire de son valet Bontemps. Il existait à Paris un marché clandestin où l'on pouvait se procurer toutes sortes de produits : cantharide bien sûr mais aussi poudre de crapaud, œil de vipère, testicule de sanglier et urine de chat... La quarantaine passée, Louis devient incapable de réitérer ses exploits et augmente la dose de ses « poudres d'amour ». Le roi est de plus en plus fréquemment victime de malaises longtemps attribués à ces « fortifiants », mais plus probablement dus à son rythme de travail épuisant. S'ajoutent à cela les scènes que lui fait la Montespan. La marquise, persuadée que les autres courtisanes ne songent qu'à comploter contre elle, multiplie les subterfuges pour garder les faveurs le roi, jusqu'à se compromettre dans le plus grand scandale de l'époque, accélérant ainsi sa disgrâce auprès du roi.

L'affaire des poisons

Confrontée à de multiples rivalités, Mme de Montespan use de philtres d'amour et de charmes « magiques ». Elle se rend régulièrement chez Catherine Monvoisin (appelée communément la Voisin), rendue célèbre pour ses talents de sorcière. C'est auprès de cette créature qu'Athénaïs se procure les philtres capables de lui faire supplanter ses rivales. En 1666, elle participe, dit-on, à une messe noire célébrée par l'abbé Guibourg, prêtre damné et ami de la sorcière. Le visage caché par un voile, mais le corps entièrement nu, elle aurait été étendue sur l'autel où brillaient des cierges, et Guibourg aurait posé sur son ventre une serviette et un calice. Ensuite, le sorcier aurait déposé un baiser sur la chair frissonnante de la belle marquise. À la consécration, une scène horrible se serait passée. Alors que la cérémonie nécessitait d'offrir un avorton en sacrifice, cette nuit-là, un enfant bien vivant aurait été assassiné par Guibourg. Après un étrange credo, l'officiant, agenouillé, aurait prononcé la conjuration : « Astaroth, Asmodée, prince de l'amitié et de l'amour, je vous conjure d'accepter le sacrifice que je vous présente de cet enfant. Je vous conjure d'accompagner la volonté de la personne pour laquelle la messe a été célébrée. » Mme de Montespan, toujours couchée sur l'autel, aurait alors formulé son vœu : « Je demande l'amitié du roi et que j'obtienne tout ce que je lui demanderai pour moi et pour mes parents, qu'il quitte et ne regarde plus La Vallière, que la reine soit stérile, que le roi quitte son lit... » La conjuration prononcée, l'enfant aurait été égorgé par Guibourg et son sang versé dans un calice. Des assistants auraient ensuite arraché le cœur et les entrailles de la petite victime avant de les brûler et de les réduire en cendres avant de les mélanger aux fameux philtres d'amour que la marquise faisait introduire ensuite dans la nourriture du roi (Archives de la Bastille).

L'affaire des poisons est révélée en 1680. Mme de Montespan est accusée d'avoir tenté d'empoisonner quelques-unes de ses rivales dont la duchesse de Fontanges, jusqu'au roi lui-même. Le scandale éclabousse force gens de qualité, clients de la Voisin, qui cherchaient « à faire des pactes avec le diable et les scellaient de leur propre sang, pour détrôner Mlle de La Vallière hors d'auprès du roi pour entrer en sa place », d'après la déclaration faite par Lesage, l'un des associés de la Voisin au moment de la révélation de l'affaire.

Louis ne donna jamais publiquement crédit à ces accusations, il se contenta de renvoyer sa maîtresse, après lui avoir octroyé une généreuse dot en témoignage de leur longue liaison. Mme de Montespan ne fut pas poursuivie pour ses agissements, mais écartée définitivement du sérail.

Cette ténébreuse affaire de mœurs alimenta parallèlement les luttes d'influence politiques. Louvois, le ministre de la Guerre, disputait les faveurs du roi à Colbert, le puissant contrôleur général des Finances. Sous prétexte de diriger une enquête parallèle et secrète pour le compte du roi, Louvois réussit avec cette affaire à mettre en cause des proches de Colbert...

La prude Mme de Maintenon

C'est en qualité de gouvernante des enfants illégitimes du roi que Mme de Montespan fait appel à Françoise d'Aubigné, sans se douter qu'elle va la supplanter et prendre place dans l'histoire sous le titre de marquise de Maintenon. Véritable personnage de roman, Françoise d'Aubigné est la veuve de Scarron, poète infirme qui disait de lui-même : « Je suis un raccourci de la misère humaine. » Belle sans artifices, elle possède de grands yeux, un très beau corsage, de belles mains et beaucoup d'esprit. Mais, profondément croyante, elle répugne à satisfaire les exigences sexuelles de son mari dont la paralysie partielle l'aurait obligée à consommer leur union oralement. Personnalité courageuse et attachante jusqu'à son mariage avec Louis XIV, elle se révèle ensuite sous des dehors moins flatteurs : manquant de chaleur, d'humanité, moralisatrice à outrance, et d'une influence parfois regrettable dans les affaires du royaume.

Mme de Maintenon refuse dans un premier temps de devenir la maîtresse du roi. La disgrâce de Mme de Montespan et la mort de la reine, le 30 juillet 1683, la décident pourtant à s'unir à lui lors d'une cérémonie secrète. Elle a 48 ans et le roi 45. Selon les termes du contrat, elle ne peut prétendre à un droit à la couronne. Extrêmement vertueuse – la rumeur la disait frigide –, Mme de Maintenon se bat pour changer le roi et « sauver son âme », tout en continuant à répondre à ses exigences amoureuses. La « reine rustique » partagera le lit du roi jusqu'à ce que la gangrène emporte ce dernier, quatre jours avant son soixante-dix-septième anniversaire.

Déchiré entre sa nature licencieuse et les constantes

et pressantes supplications de ses conseillers religieux, soucieux de lui faire expier ses péchés, Louis XIV refusa toujours de prêter attention aux commentaires relatifs à ses nombreuses aventures amoureuses et aux cadeaux pour services rendus sous forme de bijoux, de terres et de titres. Ses maîtresses furent tout autant des confidentes que des amantes. Avec un roi d'une telle stature, le peuple retrouve la figure de son grand-père tant aimé, Henri IV, le Vert Galant. Ses ravissantes maîtresses apportent au roi un bonheur passager sans se mêler jamais de politique. Louis XIV reconnaît que ces liaisons ne sont pas un bon exemple à suivre, mais il explique dans ses *Mémoires* qu'il pense avoir pris tout au long de son existence deux précautions. La première : « Il faut que le temps que nous donnons à nos amours ne soit jamais pris au préjudice des affaires du royaume. » La seconde : « C'est qu'en abandonnant notre cœur nous demeurions toujours maîtres de notre esprit. »

Louis XV

Le Bien-Aimé

Louis XV est un roi intelligent, généreux, mais faible de caractère et peu énergique, préférant s'occuper de ses favorites plutôt que de politique. Il jouit d'une grande popularité au début de son règne, mais ses infidélités à la reine, son indécision politique et un désintérêt manifeste pour les affaires du royaume ternissent rapidement son image aux yeux du peuple. Louis XV n'a pas su prendre en compte les nouvelles attentes des Français nourris de la philosophie des Lumières...

Les premiers pas du roi

Louis XV est sacré à Reims le 25 octobre 1722 dans sa treizième année. Des cérémonies officielles de grande envergure réclament désormais la présence du jeune roi. Encore peu aguerri, le jeune garçon développe une peur maladive des foules, une timidité extrême et une attitude de supériorité.

Ses portraits représentent Louis XV sous des traits d'une réelle beauté. Il possède un visage sensuel et un corps bien fait. À 15 ans, sa maturité sexuelle est évidente. Comme il est en âge de procréer, son mariage avec Marie Leszczynska, fille de Stanislas II, roi de Pologne,

Contexte historique

Né en 1710, l'arrière-petit-fils de Louis XIV devient roi à l'âge de 5 ans à la mort de celui-ci. Il est sacré en 1722 et déclaré majeur l'année suivante. Marié dès 15 ans et père à 17 ans, le nouveau souverain est bien accueilli par son peuple qui le surnomme aussitôt le Bien-Aimé. Pourtant, les Français ne tardent pas à honnir Louis XV. En effet, sous son règne, la France, pourtant riche et prospère, est entraînée dans la désastreuse guerre de Sept Ans et perd presque toutes ses colonies. L'immense territoire du Canada est cédé aux Anglais ainsi que toutes les possessions en Inde. L'autre raison de la disgrâce du souverain est son échec à faire accepter par la noblesse et le haut clergé des mesures financières les mettant à contribution. Au fil du temps, l'État monarchique devient de plus en plus administratif. Or l'argent fait défaut pour mettre en œuvre de telles mesures et la fiscalité ne suit pas. L'expansion économique est au cœur des préoccupations du gouvernement mais le roi n'a pas les moyens de sa politique, il ne peut pas créer de nouveaux impôts sans les faire enregistrer par les parlements de province, qui focalisent tous les mécontentements. Louis XV meurt seul et si détesté par son peuple qu'on devra l'enterrer en pleine nuit pour éviter les manifestations populaires hostiles !

de sept ans son aînée, est décidé. Tandis que les préparatifs du mariage suivent leur cours, les tuteurs de Louis, dont son précepteur, le cardinal de Fleury, s'inquiètent de savoir comment apprendre au jeune roi les choses de l'amour. Ils décident de tapisser les murs de son bureau de gravures représentant l'acte charnel. Pour son initiation sexuelle, ils font appel à Mme de Falari, une courtisane experte, avec qui il perd sa virginité. Louis, après cette histoire, gardera à jamais un goût prononcé pour les choses de l'amour et du sexe.

Son mariage avec Marie Leszczynska est célébré à Fontainebleau le 5 septembre 1725. Au cours de sa nuit de noces, le roi donnera à son épouse « sept preuves de tendresse »... devant témoins. La Cour et le pays tout entier sont rassurés sur les capacités sexuelles du nouveau roi qui est bientôt surnommé le Bien-Aimé par ses sujets.

Un certain goût pour le beau sexe

Tous les témoins se plaisent à vanter la beauté et la force du jeune souverain. Ils louent « sa taille avantageuse et noble » et sa « santé robuste ». Excellent cavalier, Louis XV chasse tous les jours, en petit ou grand équipage, le cerf ou le sanglier. Sauf le dimanche, où il fréquente assidûment l'église. Le mariage du souverain se révèle heureux à ses débuts. Les jeunes mariés sont visiblement amoureux et Marie Leszczynska donnera au roi dix enfants, dont sept survivront. Mais le goût qu'elle montre pour les plaisirs de la chair se révèle bien « fade » auprès de l'appétit insatiable de son mari. Elle trouve refuge auprès d'un petit cercle d'amis. C'est à eux qu'elle confie que Louis vient lui rendre visite la nuit, empestant le champagne. Les années passant, usée par les grossesses à répétition, la reine vieillit avant l'âge et le roi se lasse de son épouse.

Le couple restera marié jusqu'à la mort de la reine, en 1768. Le mariage cesse cependant d'être consommé dès 1738 quand Marie, victime d'une fausse couche, se voit conseiller par son médecin de s'abstenir de tout rapport charnel. Peu après, Louis XV rend publique sa liaison, déjà ancienne, avec Mme de Mailly, l'une des cinq filles du marquis de Nesle. Le ballet des sœurs Mailly-Nesle peut commencer ! Quelques mois plus tard, en effet, le roi lui préfère sa sœur, la marquise de Vintimille. Une liaison qui s'achève lorsque la jeune femme meurt en couches. Bien que très affecté par cette disparition, le souverain prend pour maîtresse une troisième sœur, l'éblouissante Mme de Châteauroux, qui décède subitement à l'âge de 27 ans. La plus jeune des cinq sœurs amuse ensuite quelque temps Louis qui la marie à un duc. Une seule des filles de Nesle échappe aux faveurs du roi, son mari refusant de la partager avec le monarque...

Jeanne Poisson, marquise de Pompadour

En 1744, le roi, en voyage à Metz, tombe gravement malade. Il se croit perdu et rédige une confession publique dans laquelle il avoue ses infidélités. Un choc pour le bon peuple de France qui le découvre alors comme un être faible et immoral. Un an après, le roi est rétabli quand il rencontre lors d'un bal masqué une femme dont il va tomber éperdument amoureux, la future marquise de Pompadour. Née Jeanne Poisson, la nouvelle favorite n'est pas d'origine noble mais sa beauté est renommée et elle est sans conteste celle qui comptera le plus dans la vie de Louis XV. Son destin de favorite était tout tracé puisque, lorsqu'elle avait 9 ans, une diseuse de bonne aventure lui avait révélé qu'elle deviendrait la maîtresse d'un roi. Elle met tout en œuvre pour s'attirer les faveurs du souverain et devient sa maîtresse officielle peu après leur rencontre. Bien que déjà mariée, elle obtient une séparation légale d'avec son époux. Le roi offre ensuite à sa maîtresse le domaine de Pompadour, qui lui permet de porter le titre de marquise. La nouvelle favorite partage non seulement le lit du roi, mais surtout les secrets d'État. Son amour du luxe et ses interventions dans les affaires du pays lui vaudront la haine du peuple français.

Très ouverte aux nouveaux courants philosophiques, Mme de Pompadour joue un rôle indéniable dans l'épanouissement artistique français. En véritable mécène, elle encourage Diderot à rédiger son *Encyclopédie* et fait travailler de nombreux artistes comme le peintre Boucher ou le graveur Cochin. Celle que Louis appelle « la plus délicieuse femme de France » s'efforce d'être à la hauteur de l'inépuisable appétit sexuel du monarque. De son propre aveu « très froide de nature », elle s'astreint à prendre des aphrodisiaques et suit un régime à base de vanille, de truffes et de céleri destiné à exalter la passion du souverain. En 1751, à la suite d'une infection pulmonaire, sa santé décline et elle met fin à ses relations physiques avec Louis. De toute façon, le corps du roi ne l'intéressait pas, ce qu'elle voulait « c'est son cœur ». Sur ce point, elle sera comblée. Plus proche confidente de Louis XV, Mme de Pompadour vivra jusqu'en 1764, à la date de sa mort, dans des appartements qui communiquent avec ceux du roi.

Les soirées du Parc-aux-Cerfs

Après l'interruption de ses relations charnelles avec la Pompadour, le roi multiplie ses aventures avec des maîtresses (souvent de ravissantes prostituées) de plus en plus jeunes. Au Parc-aux-Cerfs, un refuge de quatre pièces situé à Versailles, les femmes défilent pour satisfaire le monarque, parfois même sur une estrade ! Rares cependant sont celles qui connaissent l'identité de leur partenaire. Conduites dans le pavillon par Lebel, valet et entremetteur du roi, on leur parle d'un riche Polonais.

Seule un ancien modèle du peintre Boucher, Marie-Louise O'Murphy, 17 ans, réussit à demeurer quelque temps au Parc-aux-Cerfs. Dans ses *Mémoires*, le séducteur Casanova raconte que c'est lui qui présenta la jolie Irlandaise à Boucher alors qu'elle n'avait que 15 ans. Elle devint le modèle d'un bon nombre des toiles qui décoraient l'appartement de Mme de Pompadour et furent ainsi admirées par Louis XV. La belle Marie-Louise, devenue maîtresse régulière, donne deux enfants au roi. Mais elle commet la maladresse de fâcher son souverain en lui demandant un jour, à propos de la Pompadour : « Où en êtes-vous donc avec votre vieille favorite ? » Louis congédie illico l'impertinente !

En 1768, Louis prend comme maîtresse la voluptueuse comtesse du Barry, la dernière femme qui ait compté pour lui. Née de l'union d'un moine et d'une ancienne prostituée, Mme du Barry entretient avec le roi une liaison qui choque les Français. Louis s'en soucie comme d'une guigne. Lorsque le duc de Richelieu lui demande pourquoi il la garde auprès de lui, il reçoit cette réponse : « Elle me fait oublier que je vais bientôt avoir 60 ans. » Mme du Barry restera auprès de Louis XV jusqu'à ce que la petite vérole l'emporte, le 10 mai 1774.

Louis XV est aujourd'hui plus célèbre pour ses liaisons amoureuses que pour son œuvre politique. On dénigre l'influence supposée de ses innombrables maîtresses, comme Mme de Pompadour, auxquelles on impute un rôle politique désastreux. Pourtant, bien qu'elle ait joué un rôle politique indéniable, la marquise n'a pour autant jamais tenté de manipuler le roi. L'influence de celle que l'on qualifiait de « Premier ministre de l'ombre » fut loin d'être négative. Elle prodiguait de bons conseils et soutenait à bout de bras un Louis XV dépressif et sans grande énergie. C'est l'image de ce roi vieillissant et libidineux, plus préoccupé par ses conquêtes féminines que par la grandeur de l'État, qui est restée dans les mémoires.

Marie-Antoinette

« *L'Autri... chienne* »

Dès son vivant et jusqu'à nos jours, la personnalité de Marie-Antoinette n'a cessé de susciter légendes, pamphlets et calomnies. Contrairement à l'idée reçue, la reine ne fut ni une ravissante idiote ni une Messaline assoiffée d'or et de bijoux. Cette femme en révolte contre les charges écrasantes de sa fonction aspirait à une vie indépendante et ne souhaitait que pouvoir être « elle-même ». Néanmoins Marie-Antoinette a multiplié les faux pas tout au long de son existence et ce n'est qu'à la fin de sa vie qu'elle a fait preuve d'une volonté et d'une énergie hors du commun qui lui ont permis d'atteindre, dans l'épreuve, une authentique grandeur.

Deux époux trop dissemblables

Née à Vienne le 2 novembre 1755, Marie-Antoinette a 14 ans et demi lorsqu'elle épouse le Dauphin. Un teint de porcelaine, des cheveux blond cendré, de magnifiques yeux bleus et une grâce inimitable séduisent les Français. Grande, admirablement bien faite, avec des bras superbes, des mains petites, parfaites de forme, et des pieds charmants. Elle est la femme de France la plus élégante, marchant toujours la tête haute avec une majesté qui fait

Contexte historique

Petit-fils de Louis XV, Louis XVI lui succède en 1774. Le nouveau roi est bon, cultivé, intelligent et souhaite sincèrement le bonheur de son peuple. Hélas, il est faible, manque de fermeté et ne possède aucune des qualités qui font les grands chefs d'État. Certes Louis XVI s'entoure d'excellents ministres, comme Turgot ou Necker, prêts à mettre en œuvre les réformes réclamées par les Français, mais ses tergiversations constantes comme ses concessions de dernière minute ne font que fragiliser la situation politique et sociale. Sous son règne, la France participe à la guerre de l'Indépendance américaine qui lui coûte très cher et met à mal les finances du pays. En 1789, les caisses de l'État sont vides, la colère du peuple gronde, Louis XVI décide de réunir les états généraux pour voter de nouveaux impôts. Les députés sont d'accord mais réclament en échange la fin de la monarchie absolue. Le 17 juin, les députés du tiers décident de se constituer en Assemblée nationale. Mal conseillé par ses proches et son épouse, le roi refuse de négocier. La révolte qui couvait depuis plusieurs années éclate. Le 14 juillet 1789, les Parisiens s'emparent de la forteresse de la Bastille. C'est le début de la Révolution. Elle ébranle en profondeur la société d'Ancien Régime. En bâtissant un nouvel ordre fondé sur la liberté et l'égalité, en propageant ces idées nouvelles en Europe, la France révolutionnaire menace partout les fondements de la monarchie. Les représentants du peuple votent la suppression des privilèges et de la royauté absolue.

Le roi jure de respecter la Constitution mais, en juin 1791, il fuit la capitale. C'en est trop pour le peuple : le 10 août 1792, les Parisiens renversent la royauté et mettent le roi en prison. Louis XVI est guillotiné le 21 janvier 1793. Marie-Antoinette, condamnée pour trahison, se montre digne et meurt avec courage le 16 octobre 1793.

reconnaître la souveraine au milieu de toute sa Cour. Les toilettes qu'elle porte, ses coiffures et ses coups de cœur dictent la mode au-delà des frontières du royaume.

Tout l'oppose à Louis, son époux. Il est cultivé, consciencieux, animé par un désir constant de bien faire, elle est peu instruite, paresseuse et ne songe qu'aux frivolités de la vie : fêtes, bals et tables de jeu où elle perd des sommes astronomiques. Louis est mou, indécis, sans énergie et n'a de goût que pour la chasse et la serrurerie, Marie-Antoinette est gaie, enthousiaste, ivre de liberté et d'indépendance. Ainsi, sans vraiment chercher à nuire, la jeune souveraine contribue à propager l'image d'un roi benêt et ridicule en l'appelant devant ses intimes « le pauvre homme... »

Une rapide impopularité

À la mort de Louis XV, le 10 mai 1774, Marie-Antoinette devient reine de France et de Navarre. Elle a dix-huit ans... et pas d'enfant. Le jeune couple n'a toujours pas consommé son union. De multiples rapports d'ambassades s'en inquiètent. Il faut un héritier à la Couronne ! Alimentés par les commérages de cour et les pamphlets populaires, les déboires conjugaux du couple royal deviennent le sujet de conversion de tout le royaume. Mais Marie-Antoinette n'est pas pressée d'enchaîner, comme sa mère, les grossesses tous les quinze mois jusqu'à ce que mort ou vieillesse s'ensuivent. Par son comportement, elle fait enfler les rumeurs, suscite calomnies et chansons satiriques qui s'avèrent vite dévastatrices pour l'image de la monarchie :

Chacun se demande tout bas : Le roi peut-il ? Ne peut-il pas ?
La triste reine en désespère.
L'un dit qu'il ne peut ériger, L'autre qu'il ne peut s'y nicher,
Qu'il est flûte traversière.
Ce n'est pas là que le mal gît, Dit gravement maman Mouchi ;
Mais il n'en vient que de l'eau claire.

Ou ce quatrain particulièrement irrespectueux qui courait à Paris :

À Louis XVI, notre espoir,
Chacun disait cette semaine :
Sire, vous devriez ce soir,
Au lieu des rois, tirer la reine...

Louis XVI n'incarne pas la royale majesté comme l'ont fait avant lui Louis XIV ou Louis XV. Et, en France, les souverains peu portés sur la bagatelle n'ont jamais eu les faveurs du public. Aucun ne fut aussi populaire que le roi Henri IV, le « Vert Galant »... Un roi chaste ennuie. Un roi incapable d'avoir une érection fait rire. Devant l'impuissance, la foule perd tout respect et se virilise dans la mesure même où le souverain perd ses moyens.

Ce fut assez pour que les rimailleurs appointés par les propres frères du roi – les comtes de Provence, futur Louis XVIII, et d'Artois, futur Charles X – s'en donnent à cœur joie dans la dérision.

Une frivolité qui déplaît

Marie-Antoinette multiplie les imprudences. Elle est de tous les bals, se déguise, commet mille extravagances. Sa désinvolture finit par autoriser toutes les libertés et nuit à son prestige. Son amour des robes, des bijoux, ses escapades avec ses compagnons favoris font d'autant plus jaser que l'on connaît ses problèmes conjugaux. Dès lors, Marie-Antoinette devient très impopulaire...

Pourtant, lorsque, lasse du protocole de la Cour, la reine se réfugie au pavillon du petit Trianon, cadeau de son mari, où elle a fait aménager la ferme du Hameau, elle se détend, redevient elle-même, s'habille en paysanne et s'occupe de ses brebis. Cette simplicité aurait pu séduire, mais elle a été occultée par son comportement excessif à Versailles. À la cour, elle entretient un salon fréquenté par les plus beaux et les plus élégants courtisans. La rumeur publique prête successivement pour amants à la souveraine M. de Guines, de Besenval, Dillon, de Lauzun, de Vaudreuil et de Coigny. Ce dernier tombe amoureux de la reine. Marie-Antoinette, insouciante et sentimentale, trouve le beau duc absolument charmant. Avec son imprudence habituelle, elle ne résiste pas au plaisir de lui accorder des rendez-vous secrets. La nuit venue, ils se retrouvent dans des bosquets retirés et se racontent des histoires galantes.

Marie-Antoinette, lesbienne ou écervelée ?

À cette époque, l'amie la plus chère de la souveraine, la compagne de tous ses plaisirs, est une jolie veuve de 25 ans, une blonde élégante qui porte le titre de princesse de Lamballe. Marie-Antoinette l'entraîne dans ses promenades nocturnes sous les arbres du parc, l'enlace en public et organise avec elle au petit Trianon des jeux, des réjouissances libérées de toute étiquette. Cette intimité fait tant jaser que l'on accuse bientôt Marie-Antoinette d'avoir des goûts spéciaux... Abominable calomnie que les pamphlétaires et amis du comte de Provence n'hésitent pas à exploiter sans scrupule.

L'amitié qui allait unir la souveraine à une autre jeune femme devait, peu de temps après, entretenir ces rumeurs. En 1776, Mme de Polignac, jolie, intrigante et peu vertueuse personne, remplace Mme de Lamballe dans le cœur de Marie-Antoinette. Dès lors, et pendant treize ans, elle devient l'amie, la conseillère et la confidente de toutes les pensées de la reine. On les voit se promener bras dessus, bras dessous, s'embrasser en public et se parler des heures entières, main dans la main, inspirant d'innombrables pamphlets orduriers qui se répandent dans le public.

Un premier enfant qui fait jaser

Rendue à la raison par sa mère et ses frères, Marie-Antoinette se décide enfin à consommer son union. Le 19 décembre 1778, après huit années d'attente, elle donne naissance à une petite fille : Marie-Thérèse, la future Madame Royale. Mais le mal est fait et l'on parle ouvertement, à la cour et à la ville, de l'impuissance du roi. Les rumeurs persistent, colportées par des gens « bien informés » qui attribuent l'enfant au duc de Coigny. Le jour du baptême, on assiste à un incident qui en dit long sur l'état d'esprit qui règne à la cour. Le parrain de la fillette (le roi d'Espagne) avait choisi le comte de Provence, le frère du roi, pour le représenter. Au cours de la cérémonie, le grand aumônier de France lui demande, suivant l'usage, le nom de l'enfant : « Monsieur, répond calmement le frère du roi, le rituel prescrit avant tout de demander les noms et qualités du père et de la mère de l'enfant. » Le grand aumônier, très embarrassé, répondit que cette question n'avait pas sa raison d'être puisque personne n'ignorait que Madame Royale était la fille du roi et de la reine de France. Le comte de Provence se tourna alors vers les membres de la famille et les hauts dignitaires présents et éclata de rire...

Axel de Fersen, un grand amour « platonique » ?

Au cours de l'hiver 1774, Marie-Antoinette rencontre lors d'un bal costumé le beau comte suédois Axel de Fersen : élancé, le teint mat, le visage agréable, des yeux noirs, des sourcils arqués et bien dessinés. Les femmes tombent toutes amoureuses de lui, il collectionne les conquêtes féminines et passe une bonne partie de son existence à jouir de la vie.

Fersen devient bientôt l'un des familiers de la reine. Lors d'une magnifique fête nocturne donnée à Trianon en l'honneur de Gustave III de Suède, un souper est préparé dans les bosquets à la lueur des chandelles. Toute l'assistance remarque, ce soir-là, les multiples attentions prodiguées par la reine au bel Axel.

Était-il devenu son amant dès cette époque ? Probablement pas. Il semble qu'ils en soient restés à une sorte d'amour courtois. Car la reine n'est pas une grande sensuelle, et la perspective d'une grossesse illégitime l'effraie. Une Habsbourg ne s'expose pas à donner des enfants à un autre qu'un roi ! Son imagination, en revanche, a besoin de sentiments exaltants : « Fersen, écrit un contemporain, le comte de Saint-Priest, se rendait dans le parc du côté de Trianon trois ou quatre fois la semaine ; la reine seule en faisait autant de son côté, et ces rendez-vous causaient un scandale public, malgré la modestie et la retenue du favori qui ne marqua jamais rien à l'extérieur et a été, de tous les amis d'une reine, le plus discret... »

En juin 1789, devant la tournure des événements, Fersen, inquiet pour la reine, prend un logement à Versailles et s'installe tout près de Marie-Antoinette. Les proches de la famille royale redoutent que cela n'attise la haine des courtisans. Saint-Priest, devenu ministre de l'Intérieur en 1790, raconte qu'un garde français du domaine de Saint-Cloud, rencontrant Fersen à trois heures du matin sortant du château, avait été sur le point de l'arrêter : « Je crus devoir en parler à la reine et lui faire observer que la présence du comte de Fersen et de ses visites au château pouvaient être de quelque danger » ; « Dites-le lui, répondit-elle, si vous le croyez à propos. Quant à moi, je n'en tiens compte. » Et, en effet, les visites continuèrent comme de coutume...

Difficile de savoir si, durant les dernières années de leur relation, il y eut entre eux des relations plus charnelles. Marie-Antoinette n'était pas portée sur les plaisirs des sens : « austère par nature plus que par raison », écrivait son frère Joseph II. Était-elle frigide ? On peut raisonnablement penser qu'après les déboires rencontrés avec son peu sensuel époux, la chose lui parût peu engageante ! Mais, en 1790, à 35 ans, elle était encore susceptible d'avoir des enfants et, dans un contexte explosif, le risque n'en valait certes pas la chandelle. En revanche, l'hypothèse d'amants se permettant certains gestes coquins sans aller jusqu'à l'acte complet semble fort probable.

Marie-Antoinette, « cauchemar de la politique »

Maîtrisant peu les affaires internationales, ne connaissant pas l'histoire de France, la reine se pique pourtant de politique. En 1784, elle soutient avec entêtement les intérêts de son frère l'empereur Joseph II dans sa querelle avec les Pays-Bas. Louis XVI refuse de prendre le parti de l'Autriche ; les manœuvres de la reine ayant abouti à un accord peu avantageux pour la France, le peuple lui donne alors un surnom qui lui restera : l'« Autrichienne ». Mais l'événement qui lui fera perdre toute crédibilité aux yeux du peuple reste lié à la célébrissime et complexe affaire du « Collier ». Nous sommes en 1785. Marie-Antoinette est victime d'une escroquerie montée par une aventurière se faisant appeler la comtesse de La Motte. Elle est surtout victime de la bêtise du cardinal de Rohan et des rancunes de tous ceux qu'elle a malmenés durant des années. Forte de son innocence, elle exige l'arrestation de Rohan et un procès public. La fausse comtesse est condamnée, Rohan innocenté, mais le scandale éclabousse la couronne française.

L'affaire du Collier va déchaîner les foudres de la presse à scandale. Il n'en faut pas plus pour tremper dans le venin les plumes des pamphlétaires. Homosexualité, nymphomanie d'une reine obligée d'aller chercher le plaisir auprès d'innombrables amants... Marie-Antoinette est prise, selon l'expression de l'époque, de « fureur utérine ». L'image caractéristique du couple royal, c'est Louis n'arrivant pas à avoir d'érection et la reine en pleine débauche sexuelle. Le soupçon d'impuissance contre le roi est une démarche politique. Un roi impuissant l'est à tous les niveaux, tant physique que politique. Il est celui qui ne sait pas prendre de décision, qui hésite, qui ne fait rien. Un roi incapable de gouverner sa femme et incapable de gouverner son pays.

N'oublions pas que les caisses de l'État sont vides, que le pays traverse une crise financière persistante. La France est au plus mal. Et c'est la reine, surnommée « Madame Déficit », qui en est jugée responsable. Le roi n'assume pas. Victime d'une dépression nerveuse, il est sujet à des crises de larmes et se met à manger démesurément.

Le flot de mensonges et de haine répandu dans la presse se fait de plus en plus véhément, associant perversion sexuelle et corruption morale et politique. Marie-Antoinette devient le bouc émissaire. Les foules hostiles croient que les folies de l'« Autrichienne » ont englouti une grosse part des finances royales. Or il n'en est rien. Si Marie-Antoinette est frivole, les sommes dépensées pour ses plaisirs représentent toutefois une part minime du budget du pays. Malheureusement pour elle, ces dépenses-là sont faciles à repérer ! La souveraine est maintenant détestée par tout un pays et plus particulièrement par le peuple. La misère engendrée par les mauvaises récoltes successives, c'est sa faute ; la faillite du Trésor, révélée en 1787, c'est encore à cause d'elle.

Ce profond désamour est aussi une affaire d'image : on assiste à l'émergence d'une opposition publique puissante qui chamboule les anciennes règles. La souveraine ne comprend absolument pas l'ampleur du mouvement des idées des Lumières ni le bouleversement politique et social qui s'annonce…

Pourtant, peu à peu Marie-Antoinette prend conscience qui lui faut répondre à ce flot d'attaques dont elle est la cible. À partir de 1787, ses portraits la représentent entourée de ses enfants, épouse fidèle et mère exemplaire. Elle évite d'arborer de trop beaux bijoux. Elle réalise soudain la gravité de la situation et abandonne sa conduite légère. Elle fait retirer les tables de jeu de ses salons, renvoie sa couturière et réduit l'ensemble de ses dépenses personnelles. La reine change, enfin. Mais il est trop tard. La révolution commence et l'autorité du roi a déjà vacillé.

Dans la tourmente révolutionnaire

1789, la révolution progresse, la tête de la reine est même mise à prix. La femme frivole fait soudain place à une reine forte et déterminée. Elle se met à assister aux Conseils du roi, se préoccupe d'économie et de réformes. Hélas, sa bonne volonté aggrave le mal au lieu de le réduire. Totalement dépourvue de culture politique, sans expérience, elle accumule les faux pas et les mauvais conseils qu'elle prodigue au roi. Pensant à l'avenir de la monarchie, Marie-Antoinette veut avant tout protéger ses enfants et organise la fuite de Varennes, le 20 juin 1791.

Jusqu'à la fin tragique de la souveraine, la presse, totalement libérée, permet l'émergence d'un flot ininterrompu de caricatures, d'insultes et de menaces. L'opinion publique fait payer à Marie-Antoinette ses prises de position contre-révolutionnaires et elle lui fait payer aussi sa grande peur de la prise du pouvoir par une femme... Ce déchaînement misogyne se nourrit d'une diabolisation de la femme en général. On nage en plein fantasme. Dans « Autrichienne », il y a le mot « chienne », et l'on attribue la lubricité supposée de la reine à sa nationalité d'origine. Le mal absolu va s'incarner dans cette femme de sang royal, à la fois bête, sorcière et vampire...

Une reine trop moderne pour son temps

Marie-Antoinette a refusé de se plier aux servitudes de son métier de reine et s'est dérobée à ses fonctions de représentation : elle voulait vivre sa vie, être autonome, choisir ses amis, ne pas être que le reflet de son mari… Beaucoup moins dévote que les précédentes reines, elle ne trouva aucun réconfort dans l'Église. Devenue mère sur le tard, elle fut la première reine à élever véritablement ses enfants. Sans doute possédait-elle des aspirations auxquelles son temps ne lui permettait pas de prétendre. Maladroite, mal comprise, mal entourée, provocante, frivole certes, elle ne méritait pas la mort sinistre sur un échafaud.

La vie sexuelle en France à l'époque moderne (XVI-XVIIIe siècle)

La sexualité, l'Église et le roi

À l'époque moderne, la sexualité est encadrée par l'Église qui ne conçoit les rapports sexuels que dans le cadre du mariage chrétien et à des fins de procréation. Les théologiens condamnent toutes les autres pratiques, considérées comme une forme de concupiscence. Dans le couple marié, certaines sont proscrites, comme la levrette, jugée animale (*more canino* : « à la façon des chiens »), au profit de la position dite « du missionnaire ». Cependant, les cadres se relâchent. On commence à accepter que les couples mariés puissent recourir à des caresses afin de se préparer au coït.

Cette « éthique sexuelle » est aussi l'un des fondements de la justice royale. Les condamnations à la peine de mort, pour les homosexuels ou les violeurs, ne sont pas rares. Parfois, c'est le roi en personne qui est sollicité pour régler des affaires de mœurs. Certains chefs de famille n'hésitent pas à s'adresser directement à la justice personnelle du roi en rédigeant des placets, des demandes écrites, afin de faire incarcérer un fils débauché ou d'envoyer au couvent une intrigante qui tente de ruiner un ménage. Au nom de la protection des familles, le roi peut répondre à leur demande par « des ordres contenus dans une simple lettre fermée de son cachet ». Cependant, dans la majorité des cas, les lettres de cachet ne portent pas d'ordre d'incarcération et ne concernent que des affaires purement administratives, contrairement à la légende noire qui a été forgée à partir de la Révolution française.

La sexualité des hommes et des femmes de l'époque moderne ne saurait se réduire à ces normes imposées par l'Église. Les jeunes n'attendent pas de se marier pour avoir des rapports sexuels, surtout à la fin du XVIIIe siècle où l'on voit le recul de l'âge au mariage (27-28 ans pour les garçons et 25-26 ans pour les filles). Les jeunes hommes fréquentent les filles des autres villages, à l'occasion des marchés, des fêtes et des bals, et s'adonnent à la masturbation. Comme l'écrit dans ses mémoires Louis Simon, jeune tisserand de la Sarthe de 20 ans, qui accumulait les maîtresses sans pour autant chercher à se marier : « Je ne manquais point de maîtresses ; elles auraient bien toutes voulu m'avoir pour mari, mais je ne pensais nullement au mariage. »

La révolution contraceptive

Même si l'Église interdit tout mode de contraception, les mentalités évoluent. De plus en plus de couples pratiquent le *coitus interruptus* qui, avec le recul de l'âge du mariage, provoque en France une véritable chute de la natalité dès la fin du XVIIIe siècle. Cette « révolution contraceptive » va s'appuyer sur d'autres techniques, les « funestes secrets », rudimentaires et nettement moins efficaces. Certaines femmes se lavent le sexe à l'« eau seconde » (lessive à base de soude). L'usage du préservatif, à l'époque un « sachet pénien » en boyau ou en lin, reste encore très rare. En revanche, très nombreuses sont les techniques d'avortement, les « pernicieux remèdes », potions à base d'ergots de seigle, de feuilles de genévrier et de poudre de tanaisie, bains de siège à la farine de sénevé… Certaines femmes font appel à des avorteuses qui se chargeront de faire passer l'affaire par un massage du ventre ou avec des aiguilles à tricoter, opération qui se solde souvent par la mort de la mère.

Les « femmes du monde »

Luxe, fêtes, libertinage, le XVIIIe siècle fait figure de siècle des plaisirs. C'est aussi la grande époque des « femmes du monde », courtisanes riches ou pauvres, populaires ou privilégiées, lettrées ou incultes. Les filles les plus riches séduisent les princes du sang et les grands seigneurs, tiennent salon dans de vastes hôtels particuliers. D'autres restent plus discrètes, telles ces filles d'opéra entretenues à grands frais par des gentilshommes. La prostitution est un monde insaisissable qui pénètre tous les ordres de la société, de la Cour jusqu'aux arcades du Palais-Royal. En témoignent les prostituées, occasionnelles comme ces filles d'atelier ou de boutique, ou établies dans un « sérail », sous l'autorité d'une « mère abbesse ». Les raccrocheuses travaillent à la fois pour cette mère abbesse et de façon indépendante. Quant aux pierreuses, elles exercent uniquement sur les chantiers de construction.

L'âge d'or de la littérature érotique

L'époque moderne voit l'éclosion d'une importante littérature érotique et pornographique. *L'École des filles ou la Philosophie des dames* écrit (croit-on) par Michel Millot et Jean L'Ange, imprimé en 1655 à 350 exemplaires par Louis Piot, est un modèle du genre. Cet ouvrage retrace l'éducation d'une pucelle nommée Fanchon par sa cousine Suzanne. Cette dernière lui raconte son expérience sexuelle avec un certain Robinet : « Il me troussa la chemise tout autour et me découvrit le ventre et les fesses se plaisant à les patiner, et puis tantôt il me touchait du vit les cuisses, tantôt les hanches, tantôt revenait aux fesses et au ventre, après entre les poils de ma rouge motte et puis incontinent après il vint au trou mignon. » L'ouvrage sera saisi quelques jours après sa sortie de presse.

Celui qui symbolise la décadence des mœurs au XVIIIe siècle est sans conteste le marquis Donatien Alphonse François de Sade (1740-1814). Dès l'âge de 5 ans, son éducation est confiée à son oncle, le très libertin et lettré abbé de Sade. Il poursuit ses études au collège Louis-le-Grand, dirigé par les jésuites et, à 19 ans, il est promu capitaine au régiment de Bourgogne-Cavalerie. Il épouse en 1763 la fille d'un président à la Cour des aides. Débauché notoire, connu pour fréquenter les actrices et les prostituées de Mme Brissault, il passera à la postérité pour ses romans à contenu pornographique, comme *Les Cent Vingt Journées de Sodome* (1785) ou *Justine ou les Malheurs de la vertu* (1791). Le sulfureux écrivain est aussi célèbre pour ses orgies. En 1772, il organise à Marseille une bacchanale qui réunit quatre prostituées et son domestique Latour, avec lesquels il se livre à la débauche la plus complète et la plus ritualisée : séances de flagellation, de sodomie homosexuelle et hétérosexuelle, distribution de « cantharides officinales », des dragées réputées aphrodisiaques. Ses frasques et la nature scandaleuse de ses écrits lui vaudront d'être incarcéré de nombreuses années, notamment à la Bastille. Il meurt à la maison de santé de Charenton, alors hôpital psychiatrique, où il passa les onze dernières années de sa vie.

CINQUIÈME PARTIE

L'ÉPOQUE CONTEMPORAINE

Napoléon Ier

L'amant pressé

Considéré aujourd'hui comme un génie militaire autant que politique, Napoléon Ier est un homme ivre de conquêtes, qui consacre peu de temps à la bagatelle. Dans ce domaine, il se montre maladroit et pressé. Considérant les affaires du sexe comme superficielles, il ne cherche pas à séduire, mais profite des occasions qui lui sont offertes... Il sera cependant un époux aimant, attentif et prévenant[1].

Les prostituées du Palais-Royal

Le jeune Bonaparte n'a pas un physique facile. Il est décrit comme « petit de stature, trapu, les yeux petits, noirs et perçants, le nez busqué, avec un gros menton et des cheveux noirs et hirsutes... » Il va connaître sa première expérience à l'âge de 18 ans avec une prostituée rencontrée au Palais-Royal. L'endroit appartient au duc Philippe d'Orléans qui, pour éponger ses dettes de jeu, y a

1. Les anecdotes et récits de ce texte sont tirés du *Journal de Napoléon*, des *Correspondances de l'Empereur* et de ses mémoires contenus dans le *Mémorial de Sainte-Hélène*. Les différents témoignages proviennent des *Mémoires de Mlle George*, du comte Roederer et de Constant, son valet de chambre.

Contexte historique

Né à Ajaccio en 1769, Napoléon Bonaparte quitte sa famille dès l'âge de 9 ans pour suivre des études d'officier d'artillerie dans les écoles militaires royales. Lorsque éclate la Révolution, en 1789, le jeune officier est déjà lieutenant. Excellent stratège, il devient général à l'âge de 24 ans. Couvert de gloire lors de la campagne d'Italie, il mène une expédition en Égypte à la demande du Directoire, inquiet de son ascension fulgurante, qui voit là un moyen de l'éloigner du pouvoir. À la fin de 1799, il rentre en France où il est accueilli en héros. Le 9 novembre 1799, il s'empare du pouvoir par le coup d'État du 18 Brumaire.

Bonaparte réforme durablement l'État et la société. Il fonde le Conseil d'État, installe des préfets à la tête des départements et redresse les finances. Il crée la Banque de France et une nouvelle monnaie, le franc germinal. Il autorise le retour des nobles émigrés, mène une politique de réconciliation avec les catholiques en signant avec le pape le concordat de 1801. Il est à l'origine des lycées et de la Légion d'honneur. Nommé consul à vie en 1802, Napoléon Bonaparte renforce son pouvoir les années suivantes. Il promulgue le Code civil et défend les acquis de la Révolution : suppression des privilèges, égalité civile et liberté des cultes religieux. Pourtant, il veut encore plus... Le 2 décembre 1804, par un froid glacial, sacré par le pape empereur des Français, il prend le nom de Napoléon Ier.

À l'étranger, il poursuit la guerre que les vieilles monarchies européennes ont déclarée à la France révolutionnaire. En 1811, à son apogée, l'Empire français s'étend de la Hollande à l'Italie, de l'Espagne à la Pologne. Cependant, après la désastreuse campagne de Russie, encerclé, vaincu par les armées étrangères, trahi par les siens, Napoléon doit renoncer au pouvoir. Déchu par le Sénat, il est exilé sur la minuscule île d'Elbe. Mais les nouvelles de France lui redonnent courage. Il apprend le mécontentement grandissant des Français face à la restauration de la monarchie. Il part saisir sa chance... et en trois semaines, sans verser une goutte de sang, il parvient à reconquérir le pays. L'hostilité internationale ne faiblissant pas, l'armée napoléonienne est défaite à Waterloo (18 juin 1815). Exilé par les Anglais sur l'île de Sainte-Hélène, il y vivra prisonnier jusqu'à sa mort en 1821. Son souvenir survit grâce à la légende, véhiculée par le *Mémorial de Sainte-Hélène*, publié en 1823, qui fait de Napoléon un homme des Lumières, fils de la Révolution française et promoteur de l'unité européenne.

fait aménager commerces, salles de jeu, cafés et théâtres. Haut lieu de la vie nocturne parisienne, les arcades abritent aussi une foule de prostituées. Contrairement à celles des barrières souvent misérables, comme les barboteuses qui quêtent les faveurs des artisans, les filles du Palais-Royal sont des catins de luxe. Appelées raccrocheuses ou boucaneuses, elles négocient leurs charmes à des tarifs élevés : jusqu'à trois livres pour les plus fraîches.

Le jeudi 22 novembre 1787, Bonaparte y rencontre une fille au « teint pâle », au « physique faible » mais à la voix douce avec qui il perd son pucelage. Dans la nuit, il commence à l'interroger sur sa vie. Elle évoque sa Bretagne natale, le viol qu'elle a subi durant son adolescence, son arrivée à Paris et son activité de prostituée. Il a peur qu'elle prenne froid. « Allons chez vous, nous nous chaufferons et vous assouvirez votre plaisir », lui répond-elle... Il n'oubliera jamais cette première fois.

Cette expérience ne parvient guère à débarrasser le futur empereur de sa timidité envers les femmes. En 1795, pressé de se marier, il courtise son premier véritable amour, Eugénie Désirée Clary, espérant que son frère Joseph, l'époux de la sœur d'Eugénie, l'aidera à se marier rapidement. Joseph échoue dans sa mission auprès de cette jeune beauté qui deviendra reine de Suède et Bonaparte retire brusquement sa proposition de mariage.

Il s'intéresse ensuite à des femmes plus mûres, comme Mme Permon, 40 ans, et la comédienne Mlle Montansier, 60 ans, qui auraient pu être sa mère et sa grand-mère !

L'incomparable Joséphine

La recherche d'une épouse se termine lorsque le vicomte Paul Barras lui présente Joséphine de Beauharnais, coûteuse et vieillissante maîtresse dont il veut se débarrasser. Née Marie-Josèphe-Rose Tascher de La Pagerie, en Martinique, Joséphine a 28 ans. Elle est déjà veuve et mère de deux enfants. Faisant confiance au vicomte qui l'assure qu'une telle union sera bénéfique pour le jeune soldat, d'un point de vue financier comme pour sa carrière, Bonaparte épouse la « veuve Beauharnais » le 9 mars 1796. Sur le certificat de mariage, Joséphine se rajeunit de quatre ans et lui se vieillit de deux, de façon à rendre moins criante leur différence d'âge. La nuit de noces ne manque pas de sel. Alors que le couple s'adonne à de vigoureux ébats, le jeune marié pousse soudain un cri perçant : Fortuné, le petit roquet de Joséphine, a décidé de participer à sa façon à la fête... Croyant sa maîtresse attaquée, le chien saute sur le lit et mord le petit général dans la chair nue de son mollet gauche. Deux jours plus tard, le guerrier blessé coupe court à sa lune de miel et part pour l'Italie, laissant l'insatiable Joséphine libre de reprendre la fréquentation des amoureux qu'elle a en réserve.

Les amours avec Joséphine restent pourtant longtemps torrides. Napoléon conserve pour celle qui a été la première femme de sa vie une grande tendresse et une affection sincère. Au début de leur mariage, il lui écrit des lettres enflammées d'Italie : « Je me réveille plein de toi. Ton portrait et le souvenir de l'enivrante soirée d'hier n'ont point laissé de repos à mes sens. Douce et incomparable Joséphine, quel effet bizarre faites-vous sur mon cœur ! Vous fâchez-vous ? Vous vois-je triste ? Êtes-vous inquiète ? Mon âme est brisée de douleur, et il n'est point de repos pour votre ami... Je puise sur vos lèvres, sur votre cœur, une flamme qui me brûle. En attendant, *mio dolce amor*, reçois un millier de baisers ; mais ne m'en donne pas, car ils brûlent mon sang... »

Les courtisanes de l'Empereur

Peu respectueuse du contrat de mariage, Joséphine multiplie les infidélités et refuse de suivre son mari lors de ses expéditions militaires. Mortifié par l'attitude de son épouse, Bonaparte prend une maîtresse au cours de la campagne d'Égypte, en 1798. L'élue, nommée Pauline Fourès, est une beauté de 20 ans qui camoufle sa silhouette sous des habits masculins afin de rester auprès de son mari soldat. Le général s'amourache de cette blonde et fait sournoisement renvoyer le cocu à Paris. Pauline s'installe alors dans une maison près du quartier général de Napoléon, au Caire. Celle que l'on surnomme « Notre-Dame d'Orient » ou « Madame la Générale » exacerbe la passion de son amant en se coiffant de chapeaux à plumes, s'habillant de capotes à galons dorés et de pantalons blancs qui lui moulent les fesses et portent à son paroxysme le culte que Bonaparte voue à celles-ci (grand connaisseur en la matière, il qualifia un jour la croupe de Joséphine de « plus ravissant petit cul qu'on puisse imaginer »). La liaison, connue de tous, est exploitée par les Anglais qui, ayant saisi le vaisseau sur lequel se trouve le lieutenant Fourès, renvoient celui-ci, non sans malice, sur la terre égyptienne pour y jouer le rôle du mari outragé.

Les campagnes d'Italie, elles, jettent la Grassini sur le chemin de Napoléon. En effet, lors de la première campagne d'Italie (mars 1796-octobre 1797), le général Bonaparte entend la voix de celle qui fut surnommée la « Dixième Muse » : la Grassini. La cantatrice, subjuguée par le vainqueur d'Arcole, essaie de le séduire, en vain. Pourtant, lors de la seconde campagne d'Italie (1800) avant Marengo, Napoléon retrouve la *prima donna* à la Scala de Milan. Il se laisse séduire par la brûlante cantatrice à la beauté « éclatante de fraîcheur et de santé ». Napoléon dira plus tard qu'il préférait les blondes aux brunes et que pour cette raison Mme Grassini ne lui plaisait pas. En 1807, il lui accorde cependant le titre prestigieux de Première Cantatrice de la musique particulière de S.M. l'empereur. Peu reconnaissante, l'ingrate Grassini deviendra plus tard l'amante de Wellington, le vainqueur de Waterloo !

Une goujaterie proverbiale

Timide envers les femmes à ses débuts, Napoléon révèle avec les années un autre caractère. Pour se venger des infidélités de Joséphine, il choisit ses maîtresses dans l'entourage de celle-ci. Joséphine le sait et supporte difficilement la présence de ces rivales. La muflerie de Bonaparte est célèbre. Il va droit au but, sans s'embarrasser d'amabilités. Il est quelquefois cruel, avec toutefois une certaine naïveté. Dans les salons, il n'hésite pas à apostropher les dames : « Quelle déception ! Dire que l'on m'avait assuré que vous étiez jolie. » En réalité, il n'a jamais su leur parler. Ces brutalités de langage sont une façon de dissimuler la gêne, la timidité farouche qu'il éprouve vis-à-vis des femmes. De temps à autre, il s'attire des répliques cinglantes. À la duchesse de Fleury qui a la réputation d'être fort légère, il demande : « Eh bien madame, aimez-vous toujours autant les hommes ? », elle réplique : « Oui, sire, quand ils sont polis. »

De Joséphine, de plus en plus jalouse, Napoléon dira : « Elle a toujours peur que je tombe amoureux. Ne sait-elle pas que l'amour n'est pas fait pour moi ? Qu'est-ce que l'amour ? Une passion qui laisse tout l'univers d'un côté pour ne voir de l'autre que l'objet aimé. »

Un homme pressé

Pour l'ordinaire de Bonaparte, Duroc, son aide de camp et confident quinze années durant, sert d'entremetteur. Les belles sont amenées dans une chambre adjacente à son bureau des Tuileries. Duroc les introduit en secret, leur demande de se déshabiller et de se glisser sous les couvertures afin d'être prêtes dès l'instant où Bonaparte aura terminé sa journée de travail...

Des anecdotes croustillantes circulent sur les rapports de l'Empereur et de ses maîtresses. Un soir, alors qu'il travaille dans son cabinet, Mlle Duchesnois, une belle et coquette actrice de théâtre, lui rend visite. Constant, valet de chambre de l'Empereur, gratte à la porte et s'entend dire : « Qu'elle attende. » Il revient beaucoup plus tard : « Sire, on s'impatiente ! » « Qu'elle se déshabille et qu'elle se couche ! », lance alors Napoléon. Vers minuit, Constant est de retour : « Sire... » Alors Napoléon, toujours absorbé par son travail, ordonne : « Qu'elle se rhabille et s'en aille ! »

D'autres témoignages, comme celui Mlle George, surnommée la « Vénus française », lui sont plus favorables. Elle raconte qu'il se montrait charmant et attentionné. Cette femme splendide à la chevelure brune, aux yeux noirs pleins de flamme, devient pour un temps la maîtresse officielle de Napoléon qui l'invite régulièrement à Saint-Cloud. Elle sera aussi l'amante du tsar de toutes les Russies, mais conservera un attachement indéfectible à l'Empereur. Pendant la Restauration, à la Comédie-Française, elle est du « parti des abeilles », qui s'oppose au « parti des lys ». La police la surveille. Au duc de Berry, qui la nomme la « belle bonapartiste », elle répond avec crânerie : « Oui, prince, c'est mon drapeau. Il le sera toujours. »

Parmi les maîtresses de Napoléon, Éléonore Denuelle, une jeune lectrice de l'impératrice, occupe une place à part : elle est la première à prouver que l'Empereur n'est pas stérile en lui donnant en 1806 un fils, le comte Léon, qui ressemble incontestablement à son père. On raconte qu'elle faisait discrètement avancer, avec son pied, la grande aiguille de la pendule de leur chambre, pour être plus vite libérée de ce qui était devenu une corvée...

Marie-Louise et Marie Walewska

En 1809, comme elle ne lui donne pas d'enfant, le divorce entre Napoléon et Joséphine est prononcé. L'Empereur a alors 40 ans et ne tarde pas à se remarier avec l'archiduchesse Marie-Louise d'Autriche, âgée de 18 ans. Mariage d'intérêt pour renforcer les relations entre la France et l'Autriche, il se révèle pourtant paisible. Le 20 mars 1811 naît l'héritier tant attendu : Napoléon II. Après l'abdication de Napoléon, Marie-Louise retourne à Vienne avec son fils et ne revoit jamais son époux. Le mariage n'aura duré que quatre ans car l'empereur refuse qu'elle le rejoigne à l'île d'Elbe, lui préférant sa maîtresse, sa véritable passion, la belle Marie Walewska. Issue d'une vieille famille noble polonaise, Marie est une patriote fervente. Elle hait les Russes qui occupent son pays. Début 1804, elle épouse le septuagénaire Anastase Walewski, qui se montre un bon mari. Néanmoins, trois années s'écoulent dans le plus morne ennui. Lorsque Napoléon entre en Pologne, en 1807, Marie est introduite dans la haute société de Varsovie. L'Empereur tombe amoureux et Marie devient sa maîtresse. Malgré les espoirs de certains princes polonais, sa liaison avec Napoléon change peu de chose au sort de sa patrie. Les deux amants se revoient à Paris en 1808 puis en Autriche après Wagram. En 1810, Marie se fixe à Paris puis retourne en Pologne où elle accouche d'un fils, Alexandre, fruit de ses amours avec l'empereur. Elle donne de nombreuses fois la preuve de son amour sincère pour Napoléon. Elle se rend à l'île d'Elbe puis à la Malmaison après Waterloo. Remariée en 1816, elle meurt à Paris un an plus tard.

Par toutes ces facettes, Napoléon apparaît comme profondément et banalement humain. Cependant, on peut se demander si de ses inquiétudes et de ses frustrations face aux femmes n'est pas née la misogynie qui imprègne de nombreux articles de loi du Code civil, tel l'article 213 : « Le mari doit protection à sa femme, la femme obéissance à son mari. » Plus sa puissance politique s'accroît, plus il se voit cerné par des amoureuses intéressées, des ambitieuses qui n'attendent qu'un mot pour se livrer. Ses deux mariages avec Joséphine et Marie-Louise n'empêchent pas Napoléon d'avoir une vingtaine de maîtresses officielles. Une quarantaine d'autres partagent sa couche avant son exil à Sainte-Hélène. L'Empereur ne dissimule pas le mépris qu'il éprouve pour celles qui, sur un message d'un valet, viennent s'offrir à lui. Il croit non pas à la fidélité des sens mais à celle du cœur. Du témoignage de Joséphine elle-même, il n'aurait aimé durant toute sa vie que deux femmes : elle et la comtesse Walewska...

La IIIe République s'amuse

Sous la IIIe République, le sexe et la politique font bon ménage, mais en toute discrétion. Comme la plupart des hommes de pouvoir, de nombreux dirigeants politiques, présidents, ministres ou députés, fréquentent les prostituées et entretiennent des demi-mondaines ambitieuses.

Des maisons très surveillées...

Au XIXe siècle, l'État encadre étroitement la prostitution. À Paris, les tenancières de maisons doivent être agréées par la préfecture de police, et par les mairies, en province, pour diriger leurs établissements. Elles sont chargées de tenir des registres où figure l'identité des « filles ». L'installation d'une maison close obéit à des règles précises : elle ne doit pas être située à proximité d'une église, d'un bâtiment administratif ou d'une école, et doit être éclairée durant la nuit, à l'extérieur comme à l'intérieur. L'encadrement des prostituées est confié à une sous-maîtresse, appelée dans le milieu « gouvernante ». C'est elle qui les présente aux clients et vérifie le paiement des passes. Pour les « filles », la vie au bordel est presque carcérale. Elles dorment en dortoirs, doivent acheter à la tenancière vêtements et accessoires. Elles ne touchent qu'un maigre pour-

Contexte historique

Après la défaite de Sedan contre les Prussiens puis la déchéance du second Empire, la IIIe République est proclamée le 4 septembre 1870. Malgré des débuts difficiles et des crises politiques, le régime s'enracine, notamment dans les campagnes françaises. Une véritable culture républicaine s'instaure, avec ses symboles et ses traditions, qui durera jusqu'au 10 juillet 1940. Au cours de ces soixante-dix années d'existence, vont se succéder quatorze présidents de la République, des milliers de députés et de sénateurs, des dizaines de présidents du Conseil et un cortège de ministres, préfets, hauts fonctionnaires. Ils vont laisser une œuvre juridique monumentale : école primaire gratuite, laïque et obligatoire en 1881-1882, liberté syndicale en 1884, séparation des Églises et de l'État en 1905...

Entre 1900 et 1914, les Français vivent une époque de prospérité et de rayonnement diplomatique, culturel et artistique, même si les conditions de vie des ouvriers sont très difficiles. La France est le deuxième empire colonial du monde, avec ses dix millions de kilomètres carrés. Ville lumière dominée depuis 1889 par la célèbre tour de M. Eiffel, Paris attire les scientifiques, les ingénieurs, les écrivains et les artistes du monde entier.

centage sur chaque passe, la plus grande partie revenant à la tenancière. Souvent elles ne tirent aucun profit financier de leur activité et nombre d'entre elles doivent s'endetter pour travailler... Deux fois par mois, elles sont soumises à un examen clinique de dépistage de la syphilis. Les prostituées « indépendantes », qui exercent chez elles, sont tout aussi surveillées. Elles sont fichées et doivent respecter des règles strictes : interdiction de porter un chapeau, exhibition et racolage interdits entre la fin de l'après-midi et la nuit noire.

Le Chabanais, une institution politique

À la fin du XIXe siècle, Paris compte une soixantaine de maisons closes. Parmi les plus célèbres, Le Chabanais, fondé en 1878 par Madame Kelly, au 12, rue Chabanais, accueille le milieu politique français et international. L'établissement compte une trentaine de chambres au décor thématique – exotique : chambre japonaise, espagnole ou mauresque ; historique : chambre Pompéi, médiévale, Louis XIV, ou Directoire –, pour satisfaire les goûts de la clientèle. Il doit une bonne part de sa réputation à son équipe de « sosies », ces prostituées qui ressemblent à s'y méprendre aux vedettes du théâtre. La tenancière n'hésite pas à jouer sur la ressemblance pour duper les jeunes clients ou les provinciaux. Les amateurs de sensations pimentées disposent d'un salon sadomasochiste comprenant toute la panoplie de l'initié : menottes, brodequins, fouets, carcans...

C'est au Chabanais que les hommes politiques, dirigeants européens et têtes couronnées aiment venir s'encanailler. Dès sa création, la maison devient une étape incontournable pour les dignitaires politiques étrangers. Elle apparaît même sur les programmes des visites officielles sous la mention « visite au président du Sénat ». Parmi les fidèles, le grand-duc Serge, oncle du tsar Nicolas II, et surtout Édouard, le prince de Galles, qui deviendra roi d'Angleterre sous le nom d'Édouard VII, qui y loue un salon particulier à l'année. La chambre possède une salle de bains dotée d'une baignoire en cuivre à tête de femme et de cygne. Lors de ses visites, le prince aime y prendre des bains de champagne Mumm Cordon Rouge en compagnie de prostituées. En fin de « séance », l'usage est que les jeunes femmes vident la baignoire en buvant l'« eau du bain ». Le prince s'est aussi fait construire un « fauteuil d'amour », doté d'un mécanisme coulissant, conçu pour favoriser certaines positions sexuelles. Chacune des visites du prince se fait sous bonne escorte policière, pour éviter un attentat, et en compagnie d'un médecin, en cas d'accident...

Comme le confirme le témoignage d'une ancienne prostituée de l'établissement, le salon connaît un vif succès : « Plus ils sont importants, plus ils aiment l'humiliation. » Un sénateur puissant, plusieurs fois ministre, et millionnaire, dit-on, vient trois fois par semaine pour s'y faire corriger. « Il se met à quatre pattes, aboie comme un jeune chien. Et fouette cocher ! » L'un des hôtes les plus célèbres est Louis Barthou, plusieurs fois ministre sous la IIIe République, notamment de l'Intérieur, surnommé « Bartoutou » par *Le Canard enchaîné*, en raison de ses supposés penchants sexuels.

Sexe et scandale à l'Élysée !

Les frasques sexuelles des chefs d'État dépassent le cercle étroit des maisons closes. Parfois, elles se déroulent au cœur même du pouvoir. Elles n'engagent pas seulement des prostituées mais aussi des demi-mondaines. Le parcours de Marguerite Japy, « Meg » pour les intimes, est à ce titre édifiant. Issue d'une famille d'industriels protestants du Territoire de Belfort, elle est l'épouse d'Adolphe Steinheil, un peintre médiocre qui vit de petits travaux.

Cette femme charmeuse, aux yeux magnifiques et à la voix douce, ne se satisfait pas de cette vie médiocre. Elle commence par ouvrir un salon, dans sa demeure du 6, impasse Ronsin, où se côtoient quelques grands écrivains, puis multiplie les infidélités avec des hommes riches et discrets. « Son mari ne gagnait rien alors madame se débrouillait », confiera sa domestique.

En 1897, elle fait la connaissance du président de la République Félix Faure, alors marié, qui tombe immédiatement sous son charme. Devenus amants, ils se retrouvent dans la demeure du couple Steinheil, ou dans le Salon bleu de l'Élysée, officiellement pour travailler à la rédaction des *Mémoires* du président. Félix Faure comble sa protégée de cadeaux : colliers de perles, diamants, villa à Sainte-Adresse, près du Havre... Le 16 février 1899, il s'apprête à la recevoir, après un Conseil des ministres et des entretiens. Comme à son habitude, il se fait apporter par son huissier un aphrodisiaque à base de quinine, afin de se préparer à son rendez-vous. Puis il accueille sa maîtresse dans le Salon bleu.

Une fellation passée à la postérité...

« Meg » sait que le président apprécie particulièrement les fellations. Il semble que ce jour-là, elle lui prodigue cette gâterie. Quelques minutes plus tard, un cri rauque alerte le chef de cabinet Le Gall qui accourt, ouvre la porte et découvre Félix Faure, gisant inanimé, avec auprès de lui sa maîtresse complètement nue. Elle tente de détacher ses cheveux qui se sont pris dans le pantalon du président. Pour éviter un scandale, notamment auprès de Mme Faure, on fait discrètement sortir la jeune femme.

Puis on appelle un prêtre qui s'enquiert aussitôt : « Le président a-t-il encore sa connaissance ? » « Oh ! non, monsieur le curé. On l'a fait partir par la petite porte », répond un huissier. Une repartie qui restera célèbre. Félix Faure s'éteint quelques heures plus tard. Le diagnostic est formel : congestion cérébrale provoquée par une forte émotion.

La nouvelle ne tarde pas à se répandre dans la presse, comme une traînée de poudre. Jamais une fellation n'avait encore provoqué un tel scandale. Les réactions s'enchaînent. Georges Clemenceau exulte : « Faure est retourné au néant, il a dû se sentir chez lui. Il a voulu vivre César et il est mort Pompée. » Un autre journaliste se montre plus narquois : « Mme S., si prodigue d'interviews, avait prouvé depuis longtemps, et surtout ce jour-là, qu'elle abusait de sa langue et que Félix Faure l'avait laissée causer trop longtemps. »

La vie sexuelle au XIXe siècle

Le siècle de la morale bourgeoise...

Dès la fin du XVIIIe siècle, la diffusion du *coitus interruptus* participe à la chute de la natalité en France, puis dans de nombreux pays européens. De nouvelles méthodes contraceptives se répandent, comme les pessaires, ces anneaux de caoutchouc fabriqués par des orthopédistes que l'on introduit dans le vagin. Cependant, cette révolution démographique, si elle est massive, ne débouche pas sur une émancipation féminine. Au contraire, la diffusion du mode de vie bourgeois entraîne un raidissement des mœurs. En France, le Code civil (1804) consacre la puissance juridique du mari dans la famille, notamment envers sa femme. Le Code pénal (1810) condamne plus sévèrement l'adultère de l'épouse (passible d'une peine de trois mois à deux ans de prison) que celui du mari. Le droit au divorce, légalisé pendant la Révolution française (1792), sera supprimé en 1816. La morale bourgeoise s'immisce jusqu'au cœur du couple, en célébrant la pudeur. Faire l'amour complètement nu est ainsi d'une indécence absolue, les femmes doivent garder leur chemise de nuit. Les relations sexuelles sont souvent brèves, furtives, une moyenne de trois minutes chez les couples bourgeois, d'après les calculs du docteur Auguste Forel.

Le monde des arts et des lettres n'est pas épargné par ce durcissement des mœurs. Le romantisme européen, qui célèbre l'émotion plus que les sens, apparaît comme une réaction par rapport à un XVIIIe siècle considéré, notamment en France, comme trop sensuel et trop libertin. La censure s'abat sur les œuvres jugées immorales. Le 24 janvier 1857, Gustave Flaubert comparaît devant le tribunal correctionnel de Paris pour « outrage à la morale publique et à la morale religieuse » pour son roman *Madame Bovary*, considéré comme une « glorification de l'adultère ». Il ne sera cependant pas poursuivi. Quelques mois plus tard, Charles Baudelaire sera condamné, au même motif et par la même chambre, à payer 300 francs d'amende pour les *Fleurs du mal*.

... et de l'adultère

Le XIXe siècle façonne une certaine représentation culturelle de la femme, angélique, éthérée, mais aussi démoniaque et perfide. Tout à la fois vierge et putain, symbole de fidélité et de débauche. Jamais l'adultère et la prostitution n'ont exercé une telle fascination dans la société. À partir du second Empire, la « maîtresse » entretenue devient une figure obligée de la bourgeoisie. Romans, nouvelles, pièces de théâtre, chansons, tableaux évoquent ces demi-mondaines, ces « biches », ces « lionnes » qui ont valu au second Empire sa réputation de « nouvelle Babylone » : Ada Menken, la maîtresse d'Alexandre Dumas, la Païva, l'actrice des variétés Hortense Schneider... Les « maisons de rendez-vous » connaissent un immense succès. Elles se démarquent des lupanars par leur décor et leur mobilier qui reproduisent le cadre de vie bourgeois (salon, piano, meubles capitonnés), le raffinement des jeunes femmes qui y travaillent, la durée des relations sexuelles... Autant d'éléments qui brouillent les frontières entre prostitution, sexualité conjugale et adultère, et transforment les relations sexuelles au sein du couple bourgeois : « L'épouse bourgeoise s'érotise lentement tandis que nombre de prostituées se mettent à ressembler à des femmes respectables » (Alain Corbin).

Avec le développement de la photographie, tout un art érotique et pornographique se diffuse au travers de livres illustrés, de photographies ou de cartes postales vendues dans les arrière-boutiques ou les maisons closes, de façon clandestine car ce commerce est puni par la loi de un mois à un an de prison. Cet art a ses célébrités : Auguste Belloc, Bruno Braquehais, Louis-Jules Dubosq-Soleil... Les techniques évoluent au cours du siècle : daguerréotypie (réalisation d'une image sur plaque de cuivre argenté), photographie avec l'invention du négatif sur verre et stéréoscopie qui permet la vision du relief. Les premiers films érotiques et pornographiques sont réalisés à l'extrême fin du XIXe et au début du XXe siècle : *Le Coucher de la mariée* d'Eugène Pirou, *Les époux vont au lit* (1896), *À l'écu d'or ou la bonne auberge* (1908) et *Am Abend* (1910) qui présente des scènes de fellation.

Sexe et sciences

Au cours du XIXe siècle, la sexualité devient un véritable objet d'étude scientifique. En témoigne une imposante littérature médicale consacrée à l'hygiène sexuelle. Les médecins français et britanniques prodiguent nombre de conseils aux jeunes époux, prescrivant une sexualité régulière et une « économie spermatique ». Ils considèrent l'éjaculation comme une énorme dépense d'énergie, « équivalant à la perte de 1 200 grammes de sang ». Toute sexualité qui n'est pas tournée vers la procréation – masturbation, fellation, sodomie, coït avec une femme ménopausée ou stérile – est jugée inutile. Certains spécialistes, comme le médecin américain William Acton, recommandent d'ailleurs un coït rapide pour limiter la perte de sperme.

La masturbation, dénommée « fraude » ou « ignoble service », est particulièrement visée. Elle est censée entraîner un affaiblissement, un vieillissement général du corps et de l'esprit, comme le soutient le docteur Rozier en 1825 : « Il survient des maladies du cerveau et des nerfs, de la stupidité et de l'imbécillité. L'estomac se dérange, les personnes deviennent pâles, engourdies, paresseuses. Celles qui sont jeunes prennent l'air et les infirmités de la vieillesse, leurs yeux se cavent, leur corps se courbe, leurs jambes ne peuvent plus les porter ; elles ont un dégoût général ; elles sont inhabiles à tout ; plusieurs tombent dans la paralysie. » Les médecins et les orthopédistes proposent de nombreuses méthodes pour éradiquer ce « fléau » : bandages enserrant les parties basses du corps ou corsets contre l'onanisme. Certains n'hésitent pas à prescrire des techniques beaucoup plus brutales : cautérisation d'une partie de l'urètre au nitrate d'argent ou clitoridectomie (ablation du clitoris).

Plus importante encore est l'angoisse de la syphilis, considérée alors comme une maladie héréditaire (hérédosyphilis). Elle donne lieu à une abondante littérature, inquiétante et édifiante : « Le malade crache ses dents, prend cette hideuse tête de mort qu'on rencontre parfois dans les rues, ou bien s'émiette, fond, dissous par la nécrose », comme l'écrit Michel Corday dans son roman

Vénus ou les Deux Risques publié en 1901. C'est une sexualité jugée décadente, reposant sur la fréquentation des prostituées et l'adultère, qui est dénoncée.

Avec la diffusion du darwinisme se développent de nombreuses « idéologies scientifiques » liées à la sexualité et à la reproduction humaine. C'est le cas de l'eugénisme (terme forgé à partir du grec *eu*, « bon », et *genos*, « race »), fondé en 1883 par le savant britannique Francis Galton (1822-1911) dans le but de « régler les unions humaines de façon à obtenir le plus grand nombre d'individus aptes à composer la société considérée comme la meilleure ». Il initie une démarche intellectuelle qui vise, par les sciences, à empêcher les individus porteurs d'une « tare » de se reproduire (eugénique négative) et à favoriser la génération des plus « doués » (eugénique positive). Ses idées rencontreront un grand succès au XXe siècle.

SIXIÈME PARTIE

LE XXe SIÈCLE

Staline

Débauché ou puritain ?

Joseph Staline est un homme qui, sexuellement, cultive le paradoxe. Amateur de jeunes femmes, il affiche néanmoins un puritanisme à toute épreuve, imposant au Parti, à son clan et à la société soviétique un véritable ordre moral. Pour le dictateur, le sexe est d'abord un instrument de contrôle.

Les deux faces du dictateur

Staline, de son vrai nom Iossif Djougachvili, n'a rien d'un bel homme. Né avec un bras gauche atrophié et deux orteils soudés, il affiche un visage criblé de petites cicatrices, traces d'une variole contractée à l'âge de 7 ans qui lui a valu les surnoms de « Grêlé » dans les rapports de police et de « Joe le Vérolé » par ses compagnons de déportation. Photographes, journalistes et peintres officiels s'échineront à gommer ces « imperfections » sur les portraits officiels pour faire apparaître un visage lisse, éclatant, épanoui.

D'apparence, l'homme est froid, brutal et grossier. L'enfant né à Gori, dans un petit village de Géorgie, était régulièrement battu par son père, un cordonnier paresseux et alcoolique, et par sa mère, l'autoritaire Catherine

Contexte historique

Au début du XXe siècle, l'Empire russe est en crise. Le régime autocratique du tsar Nicolas II est contesté par des mouvements révolutionnaires à l'image des bolcheviks conduits par Lénine. Les grèves et les manifestations de 1905 ont contraint le tsar à octroyer à son peuple une Constitution libérale et une douma (parlement). La Première Guerre mondiale renforce le mouvement révolutionnaire. Défaites militaires, hausse des prix et anarchie politique débouchent sur deux révolutions, celle, populaire, de février 1917 suivie par la révolution bolchevique, en octobre. Le régime tsariste est renversé, la propriété terrienne est abolie, la liberté des peuples de l'empire est proclamée et la paix est conclue. C'est la naissance du premier État communiste de l'histoire, qui prendra en 1922 le nom d'URSS (Union des républiques socialistes soviétiques).

Staline n'est alors qu'un cadre bolchevik parmi les autres. Avec la guerre civile contre les Blancs entre 1918 et 1921, il devient un véritable « commissaire botté », cruel, impitoyable et craint par ses pairs. Son ascension est fulgurante. Secrétaire général du Parti en 1922, il profite de la maladie puis de la mort de Lénine, deux ans plus tard, pour étendre son pouvoir et écarter ses rivaux, notamment Trotski. Maître incontesté de l'URSS depuis 1929, il instaure un régime totalitaire, en s'appuyant sur la police politique, le NKVD, sur le goulag, vaste système de camps de « rééducation », et sur une intense propagande.

Sa politique est à son image, brutale et insensée. Engagée en 1929, la collectivisation des campagnes provoque, en 1932-1933, une gigantesque famine qui cause la mort de six millions de paysans. L'industrialisation « à toute vapeur » sacrifie des pans entiers de l'économie. Paranoïaque, le « petit père des peuples » organise, entre 1936 et 1938, une série de procès truqués pour éliminer la vieille garde communiste. Plus d'un million de personnes seront arrêtées et 680 000 cadres et officiers exécutés au cours de cette période de terreur stalinienne.

La Seconde Guerre mondiale va donner à Staline une stature internationale. Apparaissant comme l'un des grands gagnants de la victoire sur le nazisme, il mène dès 1946 une politique de communisation de l'Europe de l'Est, par la force et par la manipulation. Bénéficiant d'une aura mondiale relayée par les différents partis communistes, le dictateur fait figure, jusqu'à sa mort, le 5 mars 1953, de chef suprême d'un immense bloc dressé contre les États-Unis et les démocraties libérales.

Gueorguievna Gueladzé, dite « Kéké », une fille de paysan, ancienne serve affranchie en 1861. Devenu adulte, il affiche un goût démesuré, presque paranoïaque, pour le secret. Il mène une grande partie de sa carrière politique dans l'ombre : renvoyé du séminaire, il se lance en 1901 dans l'action révolutionnaire, devenant agent secret du POSDR, le Parti ouvrier social-démocrate de Russie, en lutte contre l'empire du tsar. Pendant quinze ans, il reste dans la clandestinité, entre missions, arrestations et déportations, connu sous divers pseudonymes, notamment celui de « Koba », du nom d'un héros populaire géorgien du XIXe siècle.

L'homme peut aussi dégager un charme incroyable, une chaleur troublante. Ses proches soulignent la souplesse, voire la bonté, de son visage, de son élocution calme et simple, sa façon tranquille de s'adresser à ses proches, sa modestie et sa sérénité. Ils remarquent qu'auprès des jeunes et jolies filles, lors des réceptions, cet homme sait se faire drôle, enjôleur, fanfaron, séducteur, débordant d'amour.

Les femmes de l'agent secret

Staline, du pseudonyme qui lui restera et qui signifie en russe « homme d'acier », n'a jamais été un révolutionnaire comme les autres. Contrairement aux autres activistes comme Lénine, il n'aime pas les intellectuelles qui « ont des idées plein la tête mais que la peau sur les os, de vrais harengs ». Il préfère les femmes au foyer, sans culture politique, sachant coudre et cuisiner. À l'image de Catherine Svanidze, dite « Kato », une paysanne de 15 ans qu'il épouse le 22 juin 1904, dans sa ville natale de Gori, et qui lui donnera un fils, Jacob. En 1907, Kato meurt de tuberculose ; Joseph Djougachvili en éprouvera une tristesse profonde, presque désespérée, comme il l'avouera : « Cette créature adoucissait mon cœur de pierre ; elle est morte et avec elle sont morts mes derniers sentiments tendres envers les hommes. »

Bien que marié, Staline ne s'interdit pas les aventures avec des femmes rencontrées lors de ses missions ou même en déportation. En 1904, il a une liaison avec Olga Fedorenko, l'épouse du militant marxiste Serge Allilouiev. En mars 1910, il est fait prisonnier et placé en résidence surveillée dans le village de Solvytchegotsk. Il est hébergé par Maria Kouzakova, une veuve connue dans la région pour accueillir avec empressement les exilés politiques. Elle lui donnera un enfant, Constantin.

La compagne du « commissaire botté »

En février 1913, lors d'une mission, Staline est hébergé dans la résidence des Allilouiev, ses amis révolutionnaires, à Saint-Pétersbourg. Il y fait la connaissance de la toute jeune Nadedja, 11 ans, la fille du couple, impressionnée de côtoyer un révolutionnaire de si près. Au fil des ans, Staline revient régulièrement chez les Allilouiev. Nadedja se prend d'admiration puis d'amour pour ce révolutionnaire, son aîné de vingt-deux ans, qui lui lit des poèmes de Pouchkine. Lorsqu'il est déporté en Sibérie, entre 1913 et 1917, la jeune fille attend avec impatience ses lettres. À son retour en mars 1917, après la première révolution, c'est une belle brunette, au visage ovale et aux yeux clairs, qui l'accueille en héros.

Nadedja suivra le révolutionnaire à chaque étape de son ascension politique. Après la deuxième révolution russe, lorsqu'il est nommé commissaire aux Nationalités par Lénine, Nadedja fait partie de son cabinet, en tant que dactylographe. En mai 1918, Staline devenu directeur général du ravitaillement en pleine guerre civile, elle l'accompagne sur le front, à Tsaritsyne (aujourd'hui Volgograd), dans le sud de la Russie, pour organiser l'offensive contre les Blancs. Elle est présente dans le train blindé qui lui sert de quartier général et d'où il ordonne l'exécution sommaire des prisonniers blancs et de certains soldats « rouges » accusés de trahison. C'est dans le wagon-salon qu'ils font pour la première fois l'amour, sur fond de guerre et de terreur. Au fil des mois, la jeune femme assiste à la transformation du petit révolutionnaire en chef de guerre borné et impitoyable qui n'hésite pas à faire noyer des prisonniers dans une barge au milieu de la Volga. Staline est, lui, très amoureux de cette intellectuelle sérieuse avec des idées bien arrêtées, qui ressemble si peu à Kato, son idéal féminin. L'austère Nadedja souffre aussi de dépression, elle est régulièrement victime de crises d'hystérie et d'hypocondrie. Mais malgré des personnalités apparemment si différentes, les amants se marieront en mars 1919 et auront deux enfants, Svetlana et Vassili.

Les admiratrices du tsar rouge

Dans les années 1920, Staline et Nadedja mènent, dans leur datcha de Zoubalovo, une vie d'apparatchiks, avec leurs amis, cadres importants du Parti, comme Kaganovitch ou Vorochilov, membres du Comité central, entre réceptions et parties de tennis. Staline est très sollicité par les femmes. Il reçoit tous les jours des lettres d'admiratrices venant de toute l'URSS : « Cher Camarade Staline, je vous ai vu dans mes rêves, j'espère la faveur d'une audience. Je joins ma photographie… »

Ses maîtresses sont nombreuses, choisies dans les cercles du pouvoir : Maroussia, la maîtresse de Molotov, le bras droit de Staline, Dora Khazan, une amie de Nadedja, Lioudmila Stal, une militante bolchevique, et même… la coiffeuse du Kremlin ! Ces constantes sollicitations froissent Nadedja qui multiplie les crises de jalousie et les scènes de ménage. Moins docile que la première épouse de son mari, elle s'énerve des frasques de Staline, notamment quand il charme de jeunes et jolies filles. Elle se lasse vite de ses absences répétées, de son irascibilité et de son goût prononcé pour le vin géorgien. Indépendante, Nadedja reprend alors des études, s'intéresse au trotskisme, une pensée politique condamnée par le régime, et se permet de critiquer Beria, l'un des favoris de Staline.

Une mort mystérieuse...

Le soir du 8 novembre 1932, les époux fêtent le quinzième anniversaire de la Révolution chez Vorochilov, le commissaire du peuple aux Affaires militaires, dans sa résidence de l'aile des Cavaliers, au Kremlin. Au cours de la soirée, Nadedja fait une scène à son mari, lui reproche d'avoir courtisé les invitées, d'avoir à peine regardé sa toilette, une robe noire brodée de roses. Son époux, en effet, n'a cessé de flirter grossièrement avec l'ancienne actrice de cinéma Galia Zekrovskaïa, l'épouse d'Alexandre Egorov, commandant de l'Armée rouge. Rendu furieux par les reproches de Nadedja, Staline s'emporte et lui jette des pelures d'orange et des mégots au visage. Nadedja quitte la réception, tandis que Staline termine la soirée avec Gousseva, l'épouse d'un officier.

Le lendemain matin, on retrouvera le corps sans vie de Nadedja, la poitrine transpercée d'une balle et un revolver à la main. La thèse du suicide est avancée d'autant que la jeune femme était dépressive. Elle aurait laissé une mystérieuse lettre expliquant son geste et accusant son époux, document compromettant qui disparaîtra aussitôt. Son geste n'en constitue pas moins une honte pour l'homme d'État et une tache pour le régime. Sur les conseils de Molotov, Staline décide de cacher la réalité à l'opinion publique et à ses enfants, en annonçant publiquement que son épouse est morte d'une « crise d'appendicite foudroyante ».

Staline est veuf pour la seconde fois. Pour se « remettre » de son chagrin, il devient l'amant de Génia Alliluieva, la belle-sœur de Nadedja, une blonde au visage rayonnant, la « rose des champs de Novgorod », comme il l'appelle, connue pour ses tenues raffinées et son franc-parler.

En 1938, il se prend de passion pour sa nouvelle domestique, Valentina Istomina, « Valetchka », une femme plus conforme à son idéal féminin : jeune, fraîche, potelée, simple et toujours souriante.

Staline, le puritain ?

Sa vie dissolue n'empêche pas Staline d'afficher un puritanisme extrême, notamment à l'égard des cadres du Parti. Il s'inscrit d'ailleurs dans la droite lignée de la conception léniniste des relations conjugales. Lénine a toujours dénoncé l'état de soumission des femmes dans le couple et la famille bourgeoise, l'« esclavage du ménage ». Mais il s'est aussi opposé ouvertement aux communistes partisans de la « théorie du verre d'eau », prônant une société où les relations sexuelles seraient aussi simples et insignifiantes qu'avaler un verre d'eau. « La révolution ne tolère pas les états orgiaques [...]. Les excès dans la vie sexuelle sont un signe de dégénérescence bourgeoise. [...] Le prolétariat [...] n'a pas besoin qu'on l'enivre, qu'on l'assourdisse, qu'on l'excite. » Il critique les marches de militants nudistes, partisans de la liberté sexuelle, organisées dans les rues de Petrograd et de Moscou entre 1917 et 1923. Dans ce domaine, Staline se pose en digne héritier de Lénine. Mais il va détourner la pensée léniniste, en la radicalisant et en l'instrumentalisant.

Le sexe, l'arme du dictateur

Staline est resté tristement célèbre pour les gigantesques purges de l'avant-guerre, en particulier celle de 1937, dévastatrices pour l'Armée rouge, qui virent l'élimination de presque tous les généraux modernisateurs. Dans son combat pour imposer la « décence bolchevique », le petit père des peuples s'appuie sur Ejov, le chef du NKVD, qui devient l'un des principaux artisans de la terreur. Paranoïaque et à la tête d'un vaste réseau d'informateurs, ce « nabot sanguinaire » utilise le sexe pour imposer son pouvoir et faire châtier tous ceux qui se montrent coupables d'indécence. L'épouse du maréchal Boudionny, une chanteuse du Bolchoï qui trompe allègrement son mari, sera ainsi condamnée à huit ans de prison. Quant à Abel Enoukidzé, secrétaire du Comité exécutif de Géorgie, connu pour son goût des très jeunes filles, il sera accusé, à tort, de conspiration terroriste.

Il s'avère qu'Ejov est, comme son épouse Evguenia, un débauché notoire, amateur d'orgies monstres. Il ne tarde pas à être, à son tour, dans la ligne de mire de Staline. Pour faire valoir sa sincérité, il se sépare de sa femme avant de traquer ses anciens amants. En vain... Le sort du couple infernal est bientôt scellé. Evguenia sombre dans une profonde dépression et se suicide. Ejov est démis de sa fonction et soumis, pendant quatre heures, à une séance d'autocritique. L'ancien inquisiteur sera remplacé par Beria, le nouveau chef du NKVD, plus pervers encore que son prédécesseur.

Staline se montre beaucoup plus cruel encore envers les homosexuels. Le ton est donné dès les années 1920, sous la plume de l'écrivain Maxime Gorki qui deviendra l'un des chantres du régime stalinien : « Dans les pays où le prolétariat s'est hardiment emparé du pouvoir, l'homosexualité a été déclarée crime social et sévèrement punie. Une histoire humoristique dit : "Exterminez les homosexuels, et le fascisme disparaîtra". » En 1934, Staline condamne l'homosexualité. Dépénalisée en 1917, la pratique est désormais punie par cinq ans d'internement. Nul n'est épargné par le puritanisme stalinien, pas même les cinéastes. Le petit père des peuples n'hésite pas à censurer les scènes de baiser et à critiquer les robes transparentes des actrices. Pendant la Seconde Guerre mondiale, il se montre tout aussi ferme avec son propre fils, le colonel Vassili, un jeune ivrogne qui passe son temps entre beuveries et orgies. Il le relèvera de ses fonctions de commandant « parce qu'il corrompt et déprave le régiment ».

Le sinistre Beria

Après la terreur, la paranoïa de Staline est à son comble. Traumatisé par le suicide de Nadedja, le dictateur fragilise le pouvoir des cadres du Parti, en s'attaquant à leurs épouses, considérées comme des éléments perturbateurs. L'instrument de cette purge sera Beria, le nouveau chef de la police politique (NKVD), qui organise une véritable purge contre les femmes des plus proches collaborateurs de Staline. Polina, l'épouse de Molotov, est accusée de sabotage ; Ekaterina, la femme de Kalinine, est exilée pour avoir insulté Staline ; Bronka, la femme de Poskrebychev, chef de cabinet de Staline, disparaît, probablement assassinée, après avoir giflé Beria qui lui faisait des avances ; Kira, l'épouse du maréchal Koulik, est purement et simplement exécutée.

Pour assouvir sa soif de sexe, le chef du NKVD se montre tout aussi cruel dans sa vie privée. Des jeunes femmes sont interpellées et arrêtées par ses agents avant d'être conduites dans sa résidence, pour d'étranges dîners aux chandelles qui se terminent le plus souvent en viols. Celles qui résistent sont condamnées à la déportation. Quant aux enfants illégitimes, fruits de ces viols, ils seront placés en orphelinat. Près de soixante-dix femmes seront ainsi violées.

Staline, le puritain, s'accommode parfaitement de cette situation pourvu que Beria reste un serviteur zélé. Cette indulgence illustre d'ailleurs les relations qu'entretient le dictateur avec le sexe, considéré comme un instrument de contrôle et de domination politique et sociale, au niveau de sa famille, du Parti et de la société tout entière. Il s'apprêtait pourtant à éliminer son chef de la police quand il succomba.

La mort de Staline, le 5 mars 1953, à l'âge de 74 ans, ne met pas fin au culte de la personnalité du petit père des peuples, considéré à l'intérieur du pays ainsi que par de nombreux gouvernements et partis sympathisants dans le monde comme le sauveur du peuple. Aujourd'hui encore, nombre de nostalgiques se revendiquent de son héritage bien que l'URSS ait depuis longtemps laissé place à une Russie libérale.

Adolf Hitler

Impuissant ou homosexuel ?

La vie intime d'Adolf Hitler nous reste encore bien obscure, un mystère qui a évidemment encouragé les inventions les plus folles. Malgré toutes les supputations émises sur sa sexualité ambiguë, ses médecins et tous les proches qui l'ont côtoyé ont unanimement déclaré qu'Hitler était, dans ce domaine, tout à fait dans la norme.

Homosexualité, impuissance, des rumeurs tenaces

Depuis les années 1930, le bruit court que la véritable cause du fanatisme du chef du parti nazi est son impuissance. Après son suicide en 1945, des médecins soviétiques ont pratiqué une autopsie officielle sur le cadavre incinéré d'Hitler. Ils signalent un détail troublant : « Dans le scrotum, qui est roussi mais intact, seul le testicule droit a été mis au jour. Le testicule gauche n'a pas été trouvé dans le canal inguinal. » Il semble qu'Hitler n'ait eu, depuis sa naissance, qu'un seul testicule.

Les autres rumeurs selon lesquelles Adolf Hitler était homosexuel apparaissent totalement grotesques. Le dictateur était capable d'entretenir d'assez longues liaisons amoureuses avec les femmes. Albert Speer, l'un de ses proches, compagnon et ministre, déclarait : « Ces accusa-

Contexte historique

Adolf Hitler est né le 20 avril 1889 à Braunau sur l'Inn (alors sur le territoire de l'Autriche-Hongrie). Son ambition est de devenir peintre, mais il échoue par deux fois (en 1907 et 1908) à l'examen d'entrée à l'Académie des beaux-arts de Vienne. Le futur dictateur de l'Allemagne nazie déménage fréquemment dans la région de Vienne afin d'échapper au service militaire, en peignant des cartes postales et des affiches pour gagner sa vie. Au début de la Première Guerre mondiale, il s'engage dans un régiment d'infanterie bavarois. Après quatre ans de dur combat en première ligne, blessé, gazé, il est décoré de la Croix de fer à deux reprises. Orateur brillant, doté d'un charisme évident, il poursuit pas à pas son ascension vers le sommet du pouvoir. Après l'échec de sa tentative de putsch à Munich, le 9 novembre 1923, il entame un parcours de politicien plus classique. Dans un contexte marqué par la crise économique des années 1930, soutenu par un électorat allemand humilié par les sanctions du traité de Versailles, il devient chancelier du Reich le 30 janvier 1933. La suite, on la connaît...

tions sont dénuées de toute réalité. Hitler avait des soucis et travaillait beaucoup. Dans ces instants, son instinct sexuel diminuait souvent et il avait besoin de médicaments pour l'aider à b... mais quant à être homosexuel, non ! » Le témoignage des femmes avec lesquelles il a couché sont assez nombreux et précis : la rumeur d'homosexualité les a bien souvent fait sourire.

Le tragique destin des maîtresses d'Hitler

Les femmes qui ont partagé le lit du dictateur assurent qu'il était tout sauf impuissant. Du moins celles qui ont survécu, car à la suite de leur liaison avec le Führer, nombre de ses maîtresses se sont suicidées ou ont été assassinées par la Gestapo pour sauvegarder la réputation d'Hitler.

Vers le milieu des années 1930, Hitler rencontre Renate Müller, alors âgée de 29 ans, l'une des actrices les plus en vue du cinéma allemand. Blonde et menue, avec de magnifiques yeux bleus, elle est introduite la nuit en cachette auprès de lui. En octobre 1937, les rendez-vous cessent brusquement : Renate Müller se serait défenestrée de son appartement berlinois. Plus probablement, elle aurait été suicidée par la Gestapo, qui l'accusait d'avoir un amant juif.

Le destin de l'Anglaise Unity Mitford, l'une des célèbres sœurs Mitford, est édifiant. La jeune femme, qui voue une admiration éperdue à Hitler, s'installe en Allemagne, fréquente le Führer, et en apprenant l'entrée en guerre du Royaume-Uni contre l'Allemagne en septembre 1939, se tire une balle dans la tête. La tentative de suicide échoue, mais cause des dommages cérébraux importants. Elle reste paralysée jusqu'à sa mort, neuf ans plus tard.

D'autres jeunes femmes, moins connues, connaissent également une destinée tragique après avoir fréquenté le Führer. Suzy Liptauer s'est pendue après un rendez-vous nocturne avec lui. Maria Reiter, « Mimi », jalouse de l'idylle naissante entre Hitler et sa nièce, tente le même geste et survit miraculeusement. Contrairement à Geli, dont le suicide reste entouré du plus grand mystère. Angela Raubal, « Geli », est la fille de la demi-sœur du Führer. Cette jolie brune, peut-être le seul et unique amour du dictateur, perturbée par leur relation, impuissante à se défaire de sa funeste emprise, se tire une balle en plein cœur, en 1931, à l'âge de 23 ans. Hitler en est profondément touché.

Les raisons profondes de tous ces étranges suicides, réussis ou manqués ? Le comportement tyrannique d'Hitler dans l'intimité ? Des historiens affirment qu'il était un pervers de la pire espèce. Peut-être. Mais rien n'est prouvé et la vérité restera sans doute à jamais inconnue...

Eva Braun, l'amour de sa vie ?

Les innombrables récits sur sa longue idylle avec sa principale compagne et finalement épouse, Eva Braun, permettent d'affirmer que leur liaison était basée sur une attirance sexuelle réciproque. De vingt-trois ans plus jeune qu'Hitler, elle devient sa maîtresse officielle en 1936. Cette beauté bavaroise compense son manque de culture par un corps splendide et athlétique, qui ne comporte qu'un seul défaut physique : un vagin trop étroit pour une vie sexuelle normale. Eva subit une intervention chirurgicale douloureuse, supporte avec courage, et dans le secret, de longs soins post-opératoires. Son gynécologue mourra étrangement dans un accident de voiture peu après avoir annoncé la réussite définitive de l'opération.

Maîtresse en titre d'Hitler, Eva jouit de sa confiance totale, même si elle apparaît rarement en public avec son amant. Dans son journal, elle manifeste souvent des doutes : « Il n'a besoin de moi qu'à certaines fins, c'est stupide. » Otto Skorzeny, le chef des commandos d'Hitler, rapporte une conversation où Eva lui confie : « Il n'enlève même pas ses bottes et il arrive que nous ne nous mettions même pas au lit. Nous nous couchons par terre. Par terre, il est très érotique. » Chez lui, Hitler encourage Eva à se promener toute nue en insinuant qu'elle a l'air d'avoir « trop chaud toute habillée ». Il préfère la déshabiller lui-même. À la campagne, Hitler insiste pour qu'elle nage ou prenne ses bains de soleil toute nue, et il en profite pour la photographier sous tous les angles – surtout les fesses –, pour sa collection de clichés pornographiques. Il affirme que cet angle particulier est nécessaire pour qu'on ne la reconnaisse pas, au cas où les clichés tomberaient « en de mauvaises mains ».

À l'approche de la chute de Berlin, début avril 1945, Eva rejoint Hitler dans son bunker. Ils vont se marier à l'aube du 29 avril 1945. Le lendemain, fidèles à leur serment mutuel, Eva avale une capsule de cyanure et Hitler se tue d'un coup de revolver.

Mao Zedong

L'empereur rouge et ses concubines

Pour le père de la révolution culturelle chinoise, le sexe est une véritable institution politique. Personnage complexe et controversé, qu'on imagine tout dévoué à sa mission de moderniser la Chine, Mao Zedong, habile manipulateur des foules, joue également de son pouvoir pour assouvir sa soif de sexe. Il organise un gigantesque réseau de courtisanes – un gynécée moderne –, et apparaît ainsi comme le paradoxal héritier des empereurs de Chine.

Les premières femmes du révolutionnaire

Mao Zedong est né le 26 décembre 1893 au sein d'une riche famille de paysans de Shaoshan, dans la province du Hunan. Dès l'âge de 14 ans, il est marié par son père à sa nièce, Luo, de quatre ans son aînée, qui décédera un an plus tard. Au sujet de ce mariage probablement jamais consommé, Mao confie en 1936 au journaliste américain Edgar Snow : « Je n'ai jamais vécu avec elle [...]. Je ne la considère pas comme ma femme. Je n'ai pas beaucoup pensé à elle. » Cette expérience lui inspire la haine des mariages arrangés et la conviction que le progrès passe par l'émancipation des femmes. En 1919, le jeune homme se rend à Pékin avec son professeur préféré, Yang Changji. Il tombe amoureux de sa

Contexte historique

Dépecé par les puissances européennes et le Japon, miné par des mouvements révolutionnaires, l'ancien empire du Milieu s'effondre au début du XXe siècle. Après la révolution chinoise de 1911, une république s'instaure qui va sombrer dans l'anarchie après une période de dictature. Dès 1927, une véritable guerre civile oppose les nationalistes du parti Guomindang aux communistes.

Dans ce climat houleux, un homme va rapidement émerger, c'est Mao Zedong. Réfugié dans la province du Jiangxi, au sud-est de la Chine, il mène une résistance acharnée aux partisans du Guomindang, en s'appuyant sur la paysannerie. Mais, pourchassé et encerclé par les nationalistes, il doit quitter sa base en 1934. Avec ses 130 000 partisans, il parcourt 12 000 kilomètres pour gagner un abri plus sûr, dans la province du Shaanxi. Cette « Longue Marche », accomplie dans des conditions atroces, coûtera la vie à près de 100 000 de ses militants.

Lorsque le Japon envahit le pays en 1937, Mao apparaît pour de nombreux Chinois comme le principal rempart face à la menace étrangère. Après la Seconde Guerre mondiale et la défaite des Japonais, le leader communiste est en position de force. Au terme d'une nouvelle guerre civile contre les nationalistes, il parvient à conquérir toute la Chine continentale et à proclamer, le 1er octobre 1949, la République populaire de Chine.

Mao détient des pouvoirs de plus en plus étendus, exerçant à la fois les fonctions de président de la République et de chef du Parti communiste chinois. Il collectivise l'agriculture et l'industrie, avant de lancer une série d'expériences politiques et économiques, catastrophiques pour le pays. Le « Grand Bond en avant » (1958-1962) se solde par une immense famine causant la mort de 30 millions de personnes. Pour rester sur le devant de la scène politique, Mao mène une véritable campagne de terreur contre les cadres du Parti et les intellectuels, la « Révolution culturelle », qui dure de 1966 à 1976. Il en ressort encore plus puissant. Chef d'un État totalitaire, il impose à ses habitants un véritable culte de la personnalité, pourchassant impitoyablement tous les opposants politiques.

fille, Yang Kaihui, qu'il épouse en 1920 et qui lui donnera trois enfants. Avec sa nouvelle compagne, Mao s'engage pleinement dans l'activisme révolutionnaire au sein du tout récent Parti communiste chinois. Mais le brillant cadre du Parti, infidèle en amour, abandonne son épouse en 1927. Il ne la reverra jamais, puisqu'elle sera arrêtée et exécutée trois ans plus tard par les nationalistes. Entre-temps, Mao a rencontré une autre militante, He Zizhen, qu'il va ensuite épouser. C'est une révolutionnaire-née, courageuse et endurante, formée pour la guérilla, sachant manier avec une incroyable dextérité le pistolet et le fusil. Elle sera de tous les combats, participant notamment à la Longue Marche à ses côtés.

L'ambitieuse « Pomme bleue »

Mao Zedong a déjà le cœur ailleurs. Grâce à Kang Sheng, le délégué du Komintern et futur directeur des services secrets chinois, il rencontre en 1937 une actrice de vingt ans sa cadette, Lan Ping (« Pomme bleue », c'est-à-dire facile à croquer). Le parcours de la jeune femme est pour le moins atypique. Issue d'un milieu modeste, elle a été la domestique de Kang Sheng avant de se lancer dans une carrière de comédienne. Mariée à un critique de cinéma, la starlette n'a jamais connu le vrai succès, enchaînant les seconds rôles dans des pièces puis des films médiocres. Réputée de mœurs légères, elle collectionne les amants, parmi lesquels figurent de nombreux cadres du Parti communiste chinois, dont Kang Sheng. Ces relations lui valent d'être remarquée par la police. Mais Pomme bleue manifeste une ambition sans bornes. Arrêtée en 1935, elle n'hésite pas à dénoncer des militants communistes pour être libérée. Sa rencontre avec Mao, alors président de la république du Jiangxi, tombe à pic, d'autant qu'il est en train de se séparer de He Zizhen. Mao tombe immédiatement sous le charme de celle qui se fait désormais appeler Jiang Qing. Mais le bureau politique du Parti, inquiet par la réputation de l'intrigante, impose qu'elle renonce à toute activité politique publique. C'est à cette condition qu'elle peut devenir, en novembre 1938, la quatrième et dernière épouse du président.

Des soirées très spéciales…

Cette union ne stabilise cependant pas l'infidèle Mao. Bien au contraire, le nouveau président de la république de Chine profite de ses fonctions et de son immense prestige pour multiplier les rencontres, lors des soirées dansantes organisées une fois par semaine à Zhongnanhai, l'immense palais présidentiel bâti au cœur de Pékin. Wang Dongxing, son propre garde du corps, lui présente des jeunes filles, recrutées pour leur beauté, leur discrétion et leur orthodoxie politique, et appartenant à une compagnie de danse chargée de l'animation des soirées : la Troupe d'action culturelle de l'Unité de la garnison centrale. Pour gagner du temps, Mao fait installer un lit dans la pièce contiguë à la salle de bal. Il prend l'habitude de s'y retirer pendant une heure et demie pour s'y délasser avec l'une ou l'autre de ses conquêtes. Les hauts fonctionnaires ne tardent pas à s'en apercevoir. En plein bureau politique, le vice-président de la commission des Affaires militaires critique cette pratique et compare le Grand Timonier, un autre de ses surnoms, à « un empereur aux 3 000 maîtresses ».

Jiang Qing, l'épouse abandonnée

Tel un empereur de Chine, le président s'entoure de concubines, choisies parmi des comédiennes et les infirmières de sa femme. Son épouse légitime Jiang Qing n'est pas dupe de ses infidélités. Le 26 décembre 1958, le couple se rend à Canton pour fêter les 65 ans du président. Après les festivités, les époux regagnent leur chambre respective. Mais Jiang Qing, à court de somnifères, appelle son infirmière qui ne vient pas. Elle se dirige alors vers la chambre de son mari et le surprend au lit avec celle-ci ! Devant la fureur de sa femme, Mao regagne aussitôt Pékin. Une fois la colère passée, Jiang Qing se ravise et écrit une lettre très tendre à son époux, l'assurant de son amour : « Mon cœur te suit là où tu vas. » Désormais, elle ferme les yeux sur ses infidélités. Mao pourtant la délaisse. À Li Zhisui, son médecin personnel, il confie que cela fait des années qu'ils n'ont plus de relations sexuelles : « Je lui ai dit que j'étais trop vieux, que je n'en étais plus capable... »

Sexualité et longévité

En réalité, l'âge ne fait qu'accroître l'ardeur sexuelle de Mao. Un comportement qui s'inscrit dans la tradition des empereurs de Chine qui puisent leur longévité dans la sexualité. À l'image de Huángdì, le mythique Empereur jaune (vers 2600 av. J.-C.), qui conjurait la vieillesse en faisant l'amour avec mille vierges. Selon une pensée héritée du taoïsme, les souverains chinois ont toujours associé vigueur et performance sexuelle. Fidèle à la tradition, Mao dort peu et de moins en moins, accumulant des veilles de trente-six heures. Il multiplie les activités physiques : natation, danse et bien sûr sexe.

« Me voilà donc eunuque ! »

Ce rythme de vie a des répercussions sur sa santé. Le Grand Timonier est sujet à des crises de constipation qui l'obligent à des lavements très fréquents. À cela s'ajoute une hygiène déplorable. Le président se lave rarement et ne se brosse jamais les dents, se contentant de se rincer la bouche avec de l'eau après avoir mastiqué des feuilles de thé. Ses gencives sont recouvertes d'une couche verdâtre de tartre. Sa seule préoccupation est la gestion de sa sexualité qui doit rester performante. À partir de 62 ans, il souffre d'impuissance, ce qui mobilise l'attention de son médecin Li Zhisui. La même année, il découvre qu'il est devenu stérile. « Me voilà donc eunuque ! », s'exclame-t-il. Pour traiter son impuissance, le praticien lui prescrit des injections de poudre de bois de cerf, un aphrodisiaque traditionnel chinois, et de la « vitamine H3 » à base de novocaïne.

Les concubines du président

Les crises d'impuissance du président disparaissent, et l'ancien garde du corps de Mao, Wang Dongxing, promu grand ordonnateur des plaisirs du Palais, se remet à organiser des soirées dansantes et fait aménager une immense et luxueuse pièce du palais de l'Assemblée du peuple, destinée à la vie privée du dirigeant. Il recrute des jeunes femmes, de 18 à 22 ans, filles de paysans pauvres, orphelines ou mendiantes, vierges pour la plupart, qui sont en admiration complète devant le président, qu'elles considèrent comme un demi-dieu. Bien qu'âgé de 67 ans, Mao continue d'honorer ses nombreuses concubines. Jamais rassasié, il leur demande même d'inviter leurs amies pour participer aux ébats. Li Zhisui, son médecin, raconte qu'« il n'y a jamais assez de place dans son immense lit pour accueillir tout le monde, parfois trois, quatre ou cinq jeunes femmes simultanément ». Pour justifier sa sexualité débridée, l'« éducateur du peuple » invoque les principes du taoïsme, la recherche du *yin shui* (les sécrétions vaginales) qui permet de garantir la longévité du *yang*, le principe mâle.

Les maladies vénériennes se propagent parmi les concubines. Li Zhisui s'étonne de leur réaction lorsqu'elles découvrent qu'elles ont été contaminées : « Les jeunes filles étaient fières d'être infectées. La maladie transmise par Mao était un signe honorifique témoignant de leurs relations intimes avec le président. » Mao, porteur sain, se moque de contaminer ses partenaires : « Si cela ne me fait pas de mal, c'est sans importance. » Lorsque son médecin lui conseille de se laver les organes génitaux avant chaque rapport, il répond : « Je me nettoie dans le corps des femmes. »

Mao s'intéresse aussi aux jeunes hommes qu'il aime beaux et vigoureux. Il tient à ce que ses domestiques lui massent le bas-ventre avant de s'endormir. Parfois ses demandes se font plus intimes, ce qui ne manque pas de révulser certains d'entre eux. D'après son médecin, Mao a un « insatiable appétit pour le sexe sous toutes ses formes ».

Les dernières années…

Le Grand Timonier s'entoure de « secrétaires personnelles » qui l'accompagnent dans ses déplacements en province. L'une d'elles, Zhang Yufeng, n'a que 18 ans, soit cinquante ans de moins que lui ! Elle est la fille d'un Japonais, ce qui lui vaut de prime abord la méfiance du président. Mais elle ne tarde pas à devenir sa maîtresse préférée. Et c'est avec elle que Mao, affaibli par la maladie, passe ses dernières années, jusqu'à sa mort le 9 septembre 1976.

À l'image de ses concubines en admiration devant leur amant, le peuple chinois a longtemps succombé au culte de la personnalité de Mao Zedong, qui prend ses racines dans la Longue Marche. Pour la plupart de ses concitoyens, il demeure, malgré ses excès et ses erreurs, le grand libérateur et le constructeur de la Chine moderne.

Les « liaisons dangereuses » du président Kennedy

John Kennedy incarne encore pour beaucoup ce président jeune, beau et idéaliste qui voulait changer l'Amérique. C'est oublier les zones d'ombre de son existence, sa santé fragile, ses rapports avec la Mafia et surtout sa sexualité obsessionnelle, compulsive, voire dangereuse. Entre sexe et pouvoir, Kennedy fait figure d'équilibriste.

Le sexe dans les gènes

Dans sa quête effrénée de plaisirs sexuels, John Fitzgerald Kennedy tient de son père, Joe Jr. Kennedy, un homme d'affaires qui s'est enrichi pendant la prohibition en important illégalement de l'alcool. Celui qu'on surnomme le « patriarche » trompe allègrement son épouse Rose Fitzgerald, la fille de l'ancien maire de Boston, avec des jeunes filles de passage, sans même se cacher de ses neuf enfants ! Dans sa résidence balnéaire de Hyannis Port (Massachusetts), il fait venir ses *girls*, officiellement ses « secrétaires », lorsque sa femme est absente. Même les camarades de sa fille Kathleen ne sont pas à l'abri de ses assiduités ! Quand il organise des séances de cinéma dans son salon, Joe Jr. n'hésite pas à taquiner les jeunes filles sans vergogne, leur pinçant les cuisses dans le noir ou les embrassant sur la bouche pour leur

Contexte historique

Le 20 janvier 1961, le démocrate John Fitzgerald Kennedy (1917-1963) devient le 35e président des États-Unis. Il entend appliquer son vaste projet de campagne baptisé « Nouvelle Frontière », pour lutter contre les inégalités sociales, mettre fin à la ségrégation raciale, amorcer la détente avec le bloc communiste et la conquête de l'espace. En moins de trois ans, il va accomplir une œuvre considérable, notamment sur la scène internationale. En 1962, le président obtient de la part de l'URSS le retrait des fusées de Cuba, réglant ainsi l'une des crises les plus graves que le monde ait connues depuis le début de la guerre froide. Le 26 juin 1963, en visite à Berlin-Ouest, il dénonce la construction du Mur dans son discours demeuré célèbre *« Ich bin ein Berliner »*. En août, il lance le processus de désarmement, signant un traité d'interdiction partielle des essais nucléaires. Kennedy, pourtant, n'est pas qu'un pacifiste et il participe même à l'aggravation des tensions mondiales. En 1961, il accroît considérablement les effectifs militaires américains au Viet-nam du Sud et engage la région dans une véritable logique de guerre. Mais son principal échec sur le plan international reste le débarquement raté de la baie des Cochons, le 17 avril 1961, visant à renverser le régime de Fidel Castro.

souhaiter bonne nuit. À celles qui dorment dans la maison de Hyannis Port, Kathleen conseille de fermer la porte de leur chambre à clé et de ne pas se promener dans les couloirs ! Le patriarche est dévoré d'une véritable boulimie de sexe que rien n'apaise, comme en témoigne l'un de ses proches : « Il parlait de femmes sans arrêt, répertoriant les meilleurs “coups” d'Amérique. Il était prêt à coucher avec n'importe qui. »

Une sulfureuse première romance

Dans ce domaine, John – que ses proches surnommaient « Jack » – est le digne héritier de son père. C'est sans doute lors de ses études à Harvard, à partir de 1936, qu'il se découvre une passion pour le sexe. Le jeune homme a tout pour plaire : un visage bronzé, des cheveux roux et un corps d'athlète qui ne laisse pas les jeunes filles indifférentes. Mais sous cette apparence de santé tranquille, John est rongé par la maladie, depuis son plus jeune âge. Il souffre d'une déficience des glandes surrénales (maladie d'Addison) et d'une ostéoporose extrêmement douloureuse.

Sa sœur Kathleen lui présente sa première conquête, en 1941. Inga Arvad est une journaliste danoise du *Washington Times-Herald*. John ressent un véritable coup de foudre pour cette femme divorcée puis remariée, de quatre ans son aînée. Inga succombe au charisme de John : « Il a un charme à faire tomber un oiseau de son arbre. » Cependant, le patriarche Joe, en bon catholique, interdira à son fils de se marier avec une divorcée, protestante de surcroît ! Leurs relations restent donc exclusivement sexuelles. Pour pimenter l'affaire, précisons qu'Inga n'est pas une journaliste lambda : elle a interviewé par deux fois Adolf Hitler en 1935 et l'a accompagné aux jeux Olympiques de Berlin un an plus tard. Ses articles reflètent une fascination profonde pour le Führer : « Vous l'aimez immédiatement. Il semble seul. Ses yeux, qui reflètent la gentillesse de son cœur, vous fixent. Ils pétillent. » De quoi éveiller les soupçons de John Edgar Hoover, le directeur du FBI, persuadé qu'Inga Arvad est une espionne nazie. Il fait suivre et photographier les amants, fait enregistrer leurs ébats amoureux dans la chambre de la jeune femme.

Pour mettre fin à cette dangereuse liaison et probablement sous la pression de son père devenu ambassadeur, John est incorporé dans la Navy à l'automne 1941 avant d'être envoyé sur un torpilleur dans le Pacifique. Le 2 août 1943, son navire est coupé en deux par un destroyer japonais. Le jeune homme, projeté sur le pont, se blesse au dos, ce qui aggrave ses douleurs. Il accomplit alors l'exploit de sa vie. Il parvient à regagner la terre ferme à la nage en sauvant même trois de ses compagnons !

Le défilé des maîtresses

À son retour aux États-Unis, John est accueilli en véritable héros. Mais son accident, qui a accentué ses douleurs dorsales, l'oblige à être hospitalisé. Sa libido, elle, fonctionne parfaitement et il va multiplier les aventures. Il confie à un ami : « B.D. m'a rendu visite à l'hôpital aujourd'hui et je l'ai prise dans la baignoire. » Les décès de son frère Joe en 1944 et de sa sœur Kathleen en 1948 ne font que renforcer cette insatiable envie de conjurer la mort par une sexualité débridée. Attiré par les starlettes, il séduit l'actrice Gene Tierney, sur le tournage du film *Le Château du Dragon*, à Los Angeles.

Après son élection au Congrès en 1946, John s'éprend de Durie Malcolm, une femme du monde, divorcée. Les rumeurs selon lesquelles il l'aurait épousée sont infondées car Joe Jr. n'aurait jamais accepté une telle union et Durie elle-même y était opposée, elle qui ne supportait pas ces « cathos irlandais ». Les années passent et le défilé des maîtresses continue. À tel point que John peine à s'y retrouver parmi toutes ses liaisons. L'une d'elles confessera d'ailleurs : « Il nous appelait toujours "kid" parce qu'il ne se souvenait pas du nom de toutes ses maîtresses. »

Un mariage de convenance

En mai 1951, lors d'une soirée organisée par le journaliste Charles Bartlett, John est présenté à Jacqueline « Jackie » Bouvier, reporter au *Washington Times-Herald* (comme Inga Arvad), et fille d'un agent de change de Wall Street. Cette jeune femme de bonne famille, de douze ans sa cadette, raffinée, élégante et cultivée, l'attire par ses grands yeux noirs et sa peau blanche. Elle fréquente alors le banquier John Husted Jr., une relation qui déplaît fort à sa mère qui espère pour sa fille un avenir plus brillant.

John, de son côté, cherche alors un semblant de stabilité conjugale afin de gagner les élections sénatoriales. Il faudra pourtant attendre le mois de janvier 1953 pour voir John et Jacqueline se présenter en couple au bal de l'investiture du président Eisenhower. Pour autant, le séducteur est-il amoureux, s'est-il assagi ? Pas vraiment, à lire la lettre qu'il a écrite à son ami Paul « Red » Burgess Fay : « Une fois rompu avec ma panthère [l'une de ses maîtresses], je me marie à l'automne. Ce qui veut dire que ma brillante carrière politique est à l'eau, puisqu'elle repose entièrement sur la séduction. » Jackie est au courant de la réputation sulfureuse de son futur époux, aussi pressé au lit qu'en politique. Mais malgré les mises en garde de ses proches, elle est farouchement décidée à l'épouser, attirée par cet homme qui lui rappelle son propre père, John Vernou Bouvier III dit « Black Jack », un coureur de jupons invétéré. Le couple se fiance en juin 1953 et le mariage a lieu le 12 septembre, à Newport, dans le Rhode Island. Après une longue lune de miel au Mexique et en Californie, ils s'installent à Georgetown, une banlieue huppée de Washington.

Les débuts du mariage sont particulièrement difficiles. À la suite d'une très délicate opération du dos, John déclare une grave infection urinaire et échappe de peu à la mort. En 1956, il est battu à la nomination de son parti au poste du vice-président américain. La même année, il abandonne sa femme enceinte pour passer du bon temps en Méditerranée sur le yacht de son ami George Smathers, en compagnie de jeunes personnes aux mœurs légères. Il n'assiste pas à son accouchement et hésite même à rentrer lorsqu'il apprend par télégramme que son enfant est mort-né !

Le « coup de pouce » de la Mafia

Ces drames ne diminuent en rien la sexualité débridée du candidat à la présidence. John collectionne les coups d'un soir, des fréquentations qui risquent fort de menacer sa carrière politique. Par exemple, il se voit contraint de payer l'avortement d'une starlette, Joan Lundberg, pour éviter un scandale. La jeune femme gardera de sa liaison avec lui un goût amer : « C'est un "trioliste" et un voyeur ! »

Pourtant ce sont ses probables relations avec la Mafia qui favoriseront l'élection du futur président... Grâce à l'acteur Peter Lawford, l'époux de sa sœur Patricia Kennedy, il retrouve le 2 février 1960 Frank Sinatra, l'âme du célèbre *Rat Pack*, au Sands Hotel de Las Vegas. Les deux hommes ne sont pas des inconnus : ami de Lawford, Sinatra a déjà produit pour le sénateur la musique de l'une de ses campagnes électorales. Cinq jours plus tard, le chanteur lui présente son ancienne petite amie, la superbe actrice Judith Campbell. John en tombe aussitôt amoureux. Il la rejoint au Plaza Hotel de New York puis l'invite chez lui à Georgetown, alors que Jackie est en vacances en Floride. Cependant, il ignore que Judy est la maîtresse du célèbre parrain de la Mafia de Chicago, Sam Giancana, qui est aussi l'un des puissants appuis financiers de son propre père... Joe Jr. Kennedy ! C'est grâce à lui que John obtient, probablement sans le savoir, l'investiture démocrate, le 13 juillet 1960.

« Happy Birthday, Mister Président ! »

Le 8 novembre 1960, John est élu, de justesse, président des États-Unis, après une campagne en partie financée par Joe Kennedy et son soutien mafieux. À la Maison-Blanche, il poursuit sa double vie amoureuse, entre Jackie et Judith, au risque de se voir accusé de collusion avec la Mafia. Une situation intenable, pour son frère Robert, ministre de la Justice, et pour John Edgar Hoover, qui parviennent à convaincre le président de rompre avec sa maîtresse, à l'automne 1962. John enchaîne les passades avec des actrices plus ou moins célèbres (et plus ou moins jeunes) comme Sonja Henie, Jayne Mansfield, Gene Tierney, Marlene Dietrich, Lee Remick, Norma Shearer ou Blaze Starr. Certaines lui laisseront un souvenir impérissable, notamment Angie Dickinson : « Les vingt meilleures secondes de toute ma vie ! » La vie sexuelle du président devient une véritable affaire d'État, car de nombreuses jeunes femmes lui sont présentées par son conseiller, Dave Powers, qui joue le rôle de rabatteur. Jackie ne tarde pas à remarquer ces filles toujours blondes et sexy qui accompagnent son mari lors de ses déplacements. Le président ne fait pas mystère de sa passion pour le sexe. Lors d'une rencontre officielle, il lâche à Harold Macmillan, le Premier ministre britannique : « Trois jours sans faire l'amour et c'est le mal de tête garanti. Je ne sais pas si c'est aussi votre cas, Harold. »

En mai 1962, John fait la connaissance de Marilyn Monroe, qui est amie avec sa sœur Patricia. La star d'Hollywood devient la maîtresse de son frère, Robert. Le 19 mai 1962, pour le 45e anniversaire du président, elle apparaît sur le podium du Madison Square Garden, dans une robe moulante, argentée de milliers de paillettes. Au micro, elle entonne d'une voix langoureuse « Happy Birthday, Mister Président ! ». Après la cérémonie, Marilyn et John se rendent à la soirée organisée par Arthur Krim, le directeur des studios United Artists, et s'enferment dans une chambre. Peut-être Robert a-t-il participé durant cette nuit aux ébats amoureux du couple... C'est le début d'une relation trouble entre l'actrice et les deux frères Kennedy jusqu'à sa mort encore énigmatique, le 5 août 1962.

Des liaisons périlleuses

La vie privée du président ne tarde pas à interférer avec ses responsabilités politiques. Sa liaison avec Mary Pinchot Meyer, la belle-sœur de Ben Bradlee, journaliste au *Washington Post*, est particulièrement troublante. La jeune femme est la fille d'Amos Pinchot, le fondateur du journal d'extrême gauche *The Masses*, et leader du Parti progressiste. Pacifiste et favorable à un gouvernement mondial, la jeune femme exerce une influence de plus en plus grande sur John, sur des questions aussi sensibles que le désarmement nucléaire ou le rapprochement avec Cuba. Surtout, elle tient un journal intime qui pourrait se révéler très compromettant... Une fois encore, John se voit contraint de rompre pour ne pas mettre en péril ses fonctions politiques. Le 12 octobre 1964, Mary Pinchot Meyer est assassinée. Une mort mystérieuse, une affaire non résolue.

Plus dangereuse encore est sa relation avec Ellen Romesch, une Allemande que lui a présentée son ami Bill Thomson, en 1961. La jeune femme est une habituée du Quorum Club de Washington, une boîte privée fréquentée par les sénateurs. Selon certaines rumeurs, elle aurait participé à des soirées très spéciales avec des membres du gouvernement américain. Le président tombe sous le charme de cette belle brune au regard sévère. Aussitôt, John Edgar Hoover conduit une enquête sur cette personnalité trouble, habituée à fréquenter les hommes de pouvoir. Ses conclusions sont formelles : Ellen Romesch est une espionne est-allemande, travaillant pour le compte de Walter Ulbricht, président du Conseil d'État de la RDA. Finalement, la jeune femme sera expulsée. Robert Kennedy négociera son silence, sans provoquer de crise diplomatique avec le bloc communiste. Moyennant une coquette somme d'argent, Ellen Romesch, de retour en Allemagne, s'engagera à ne plus fréquenter de personnalités politiques importantes.

John était décidément une cible facile... Il aura beaucoup sacrifié à sa boulimie de sexe jusqu'à mettre en péril son indépendance politique. Pourtant, son charme, qui avait fait tant de ravages parmi les plus belles femmes du monde, avait aussi séduit le monde entier. Son assassinat, le 22 novembre 1963, a contribué à créer le mythe. Pour tous, Kennedy incarne à tout jamais l'image idéale de la beauté, de la sincérité politique et de la jeunesse éternelle.

Le XXe, siècle de la libération sexuelle

Sexualité et émancipation féminine

L'évolution des comportements sexuels au XXe siècle est indissociable de l'émancipation féminine. Pourtant, la première génération de féministes, au tout début du siècle, revendique surtout l'égalité des droits politiques et sociaux, n'abordant que de façon marginale les questions liées à la sexualité et à la reproduction. Tout cela dans un contexte politique dissuasif, marqué par la loi du 31 juillet 1920 qui réprime sévèrement la contraception et l'avortement.

Dans l'entre-deux-guerres, avec la déchristianisation progressive, les mentalités évoluent. Témoin de ce changement, le succès rencontré par le sulfureux roman de Victor Margueritte, *La Garçonne* (1922). Les théories freudiennes et les concepts de libido, de principe de plaisir et de pulsion, qui reconnaissent le rôle déterminant de la sexualité de l'enfant, se diffusent largement. Certaines pratiques autrefois considérées comme indécentes se répandent jusque dans le prolétariat urbain : la nudité totale lors des relations sexuelles, encore assimilée au XIXe siècle à la prostitution, le baiser profond ou les préliminaires, autant de signes révélateurs d'un processus d'érotisation du couple. Le développement du cinéma participe de cette évolution :

le baiser torride de Clark Gable à Vivien Leigh dans *Autant en emporte le vent* (1939) reste un grand moment de l'histoire de l'érotisme.

La rupture arrive après la Seconde Guerre mondiale. L'égalité politique est acquise en 1944 et l'égalité sociale proclamée par le préambule de la Constitution de 1946. Une nouvelle ère s'ouvre... Avec la loi du 13 avril 1946 imposant la fermeture des « maisons closes », c'est l'un des symboles du contrôle social et de l'ordre bourgeois qui disparaît. Trois ans plus tard, Simone de Beauvoir publie *Le Deuxième Sexe* qui connaît bientôt un succès international. Ce livre fait éclater les cadres et les normes du couple bourgeois, en dénonçant la position subordonnée de l'épouse, le poids des grossesses répétées et non désirées, l'enfermement domestique, en prônant l'avortement libre et l'épanouissement sexuel. Une nouvelle génération de féministes se forme autour de la Maternité heureuse (1956) puis du Mouvement français pour le Planning familial, revendiquant l'abolition de la loi de 1920 sur l'avortement.

La fabrication de la première pilule en 1956 puis sa commercialisation aux États-Unis, quatre ans plus tard, sonnent comme un immense espoir dans le monde. En France, la pression d'une partie de l'opinion publique fait peu à peu évoluer la législation : loi Neuwirth sur la contraception (1967), circulaire Fontanet sur l'éducation sexuelle (1973), remboursement de la pilule par la Sécurité sociale (1974), loi Veil sur l'interruption volontaire de grossesse (1975) et loi sur le divorce par consentement mutuel (1975).

Une révolution sexuelle

L'évolution des comportements sexuels s'est accélérée dès la fin des années 1960, à tel point que les journalistes ont évoqué une véritable « révolution sexuelle » dans les pays occidentaux. Elle repose sur une série de tendances démographiques nettes, avec en France la chute de l'âge médian du premier rapport sexuel (de 20 ans à 18,5 ans pour les filles, entre 1968 et 1981) et l'augmentation des naissances hors mariage (de 11 % à 40 % entre 1978 et 1997). Elle se traduit par une émancipation culturelle des corps, des regards et des esprits : « Jouissez sans entraves », « Faites l'amour, pas la guerre ! »... Les slogans des manifestants français de Mai 1968 puis des opposants à la guerre du Vietnam portent cette aspiration à une sexualité libre, de même que les *love-in* organisés par les hippies aux États-Unis. À mesure que la censure se relâche, le corps est assumé, il s'expose dans les journaux et au cinéma. Le film *Emmanuelle* de Just Jaeckin connaît un succès fulgurant (8,8 millions de spectateurs à sa sortie en 1974) et ouvre la voie à une large diffusion de l'érotisme et de la pornographie.

L'homosexualité sort du bois

Au début du XXe siècle, l'homosexualité commence à émerger de plusieurs siècles de marginalité et de répression. Dans l'entre-deux-guerres, elle exerce même un sentiment de fascination dans certains milieux intellectuels. Comme dans le salon de la princesse de Polignac, que fréquente Marcel Proust, ou dans les universités anglaises, notamment au sein du cercle de Bloomsbury représenté par l'économiste John Maynard Keynes et l'écrivain E.M. Forster, auteur du livre à scandale *Maurice*. À Berlin se développe une véritable culture homosexuelle reposant sur un réseau de bars, de boîtes de nuit, de clubs, d'instituts (l'Institut pour la connaissance sexuelle fondé par le sexologue Magnus Hirschfeld) et de lieux de prostitution. L'entre-deux-guerres correspond aussi à l'affirmation des premiers mouvements lesbiens : « butch » anglaises ou « amazones » françaises comme Colette ou Marguerite Yourcenar. Néanmoins, cette libéralisation des mœurs ne doit pas faire oublier la politique de répression menée par la plupart des régimes autoritaires et totalitaires, justement dans l'Allemagne nazie, qui tourne radicalement le dos à l'ouverture des décennies précédentes. Environ 15 000 homosexuels seront déportés.

Dans les années 1950, la culture gay connaît un nouvel essor aux États-Unis avec le mouvement de la *Beat Generation*, avant de se radicaliser à la fin des années 1960 et dans les années 1970, autour de l'idée du « Gay Power ». Le discours et l'action se font plus politiques, intégrant l'opposition à la guerre du Vietnam et le soutien aux mouvements noirs américains. San Francisco devient le phare de cette culture internationale, avec ses clubs, ses bars, ses codes vestimentaires et musicaux, à l'image du phénomène disco.

L'ère du sida

L'épidémie de sida (syndrome d'immunodéficience acquise) constitue la charnière et le point de rupture de cette période de révolution sexuelle. Les premiers cas sont signalés à la fin des années 1970 dans les communautés homosexuelles de New York et de San Francisco, le virus est découvert et isolé en 1983 par l'équipe du professeur Montagnier. Les modes de transmission, par les sécrétions sexuelles et le sang, imposent une modification progressive des comportements sexuels (usage du préservatif, tests, partenaire unique...), encore variable selon les régions du monde. L'ampleur de la pandémie (plus de 25 millions de morts depuis 1981) a marqué durablement les consciences et mis fin (pour un temps ?) à l'ère de libéralisation sexuelle amorcée dans les années 1950.

SEPTIÈME PARTIE

UNE SOCIÉTÉ HYPERMÉDIATISÉE

Georges Pompidou

Quand le fait divers vire au scandale politique

Quelques mois après Mai 1968, la lutte fait rage dans le clan gaulliste entre les prétendants à la succession du Général. Nombreux sont ceux qui ne veulent pas voir Georges Pompidou devenir président. Mais lui s'y verrait bien... C'est alors qu'éclate l'« affaire Markovic », du nom d'un petit truand retrouvé assassiné, avec en arrière-plan des photos compromettant des personnalités dans des situations osées. Un nom circule bientôt, celui de l'épouse du Premier ministre, Claude Pompidou.

Du show-biz à l'affaire d'État

Tout commence le 1er octobre 1968 avec la découverte d'un cadavre en décomposition dans la décharge publique d'Élancourt, une commune des Yvelines. Le corps, enroulé dans une toile de matelas, s'avère être celui d'un dénommé Stevan Markovic. Les enquêteurs découvrent très vite que ce Yougoslave de 31 ans est lié à une célébrité, et non des moindres : Alain Delon. C'est sur le tournage des *Félins* que l'acteur et le jeune homme, engagé comme figurant, auraient sympathisé. En dépit de ses activités plutôt louches, Markovic, séduisant et flambeur, devient un proche du couple que forme l'acteur avec Nathalie Delon.

Contexte politique

Fils d'enseignants, Georges Pompidou est né en 1911 à Montboudif, dans le Cantal. Il est professeur au prestigieux lycée parisien Henri-IV lorsqu'il épouse, en 1935, Claude Cahour, issue de la bourgeoisie bretonne. À la Libération, s'il rejette Vichy, Pompidou ne rejoint pas pour autant la Résistance. Sa carrière politique débute après la guerre, où il participe aux activités du parti gaulliste – sans y adhérer – avant d'être propulsé dans le cercle du Général en 1947 qui en fait son directeur de cabinet en 1948. Toutefois, sa carrière politique ne débute qu'en 1958, avec le retour du Général au pouvoir. En 1962, de Gaulle, devenu premier président de la Ve République, fait de lui son Premier ministre, poste que Pompidou occupera six ans. Affaibli par les événements de Mai 68, le Général voit d'un mauvais œil le nouveau poids acquis par le chef du gouvernement durant la crise. Placé en « réserve de la République » et remplacé par Maurice Couve de Murville, Pompidou se lance alors dans la bataille présidentielle, tandis que le référendum d'avril 1969 précipite le départ de Charles de Gaulle. Candidat de l'UDR (Union pour la défense de la République), Georges Pompidou bat au second tour le candidat de centre droit, Alain Poher, en remportant plus de 58 % des voix. Son mandat, durant lequel la France connaît la plus forte croissance d'Europe, s'achève prématurément avec sa disparition, en avril 1974. Son épouse, Claude Pompidou, est décédée le 3 juillet 2007.

Il deviendra le secrétaire, le garde du corps, la doublure de Delon… et l'amant de sa femme.

L'autopsie révèle que le décès remonte à la nuit du 22 au 23 septembre. Alain Delon, qui tourne à cette période sous la direction de Jacques Deray quelques scènes cultes du film *La Piscine*, est entendu par la police. Il déclare avoir rompu toute relation avec Stevan Markovic. Mais pourquoi, alors, cette lettre envoyée par Markovic quelques jours avant sa disparition, dans laquelle il écrit : « Si je suis assassiné, ce sera à 100 % la faute d'Alain Delon et de son parrain François Marcantoni » ? Marcantoni, figure du « milieu » de Pigalle, et qui réside près du lieu où fut découvert le cadavre de Markovic...

Delon, dont les amitiés avec certaines figures de la pègre sont connues, est au cœur de la tourmente. Mais bientôt, une rumeur plus folle encore agite le Tout-Paris : des photos circuleraient sous le manteau, représentant des personnalités politiques, des médias, du spectacle... en pleine action. Markovic aurait été l'organisateur de soirées fines dont la presse fait bientôt ses choux gras. Une lettre anonyme envoyée au *Figaro* implique de hauts fonctionnaires et d'anciens membres du gouvernement. Le journal d'extrême droite *Minute* avance quant à lui que « l'ami des vedettes négociait très cher des photos compromettantes », notamment celles de la « femme d'un homme politique ». Le 30 octobre, la lettre d'un certain Akov, un ami de Markovic détenu à la prison de Fresnes, est transmise au juge Patard, en charge de l'affaire. L'homme y détaille ce qu'il sait de ces « soirées spéciales », dont une en particulier, au terme de laquelle Markovic lui aurait déclaré : « Tu dis rien. La grande blonde, c'est Madame Premier ministre. »

La présidentielle en ligne de mire

Lorsqu'il apprend que le nom de Claude Pompidou commence à circuler dans les rédactions, le procureur de Versailles se serait exclamé : « Il faut mettre le couvercle sur la marmite ! » Une attention que n'auront pas les plus hauts responsables de l'État. Car la lutte fait rage dans le clan gaulliste, et nombreux sont ceux qui supportent mal la popularité dont jouit l'ancien Premier ministre. Depuis Mai 68, celui-ci a pris ses distances avec le Général – qui l'a poussé à la démission – et fait désormais figure de futur présidentiable. Un mois après la découverte du cadavre de Markovic, alors que la rumeur enfle et que le chef de l'État lui-même a été informé de l'existence de photos impliquant Claude Pompidou, l'ancien Premier ministre et son épouse ignorent tout du scandale qui menace de se faire jour. Ni le Premier ministre Maurice Couve de Murville, ni René Capitant, ministre de la Justice, ni Raymond Marcellin, ministre de l'Intérieur, pourtant tous au courant, n'ont pris la peine d'informer le principal intéressé.

L'affaire est enfin dévoilée à Georges Pompidou par l'un de ses collaborateurs, au lendemain du week-end de la Toussaint : « Il faut que vous sachiez quelque chose que personne n'ose vous dire... » L'ancien ministre est blessé, meurtri, indigné. Mais pour sa défense, et celle de son épouse, il s'abstient de répondre publiquement aux attaques. Ce qu'il lui faut, c'est le soutien de la plus haute personnalité de l'État. L'ancien ministre sollicite une entrevue avec de Gaulle, auquel il reproche son silence. Loin de le soutenir, celui-ci aurait déclaré à un tiers, en privé : « À trop vouloir dîner en ville dans le Tout-Paris, comme aiment le faire les Pompidou, et à y fréquenter trop de monde et de demi-monde, il ne faut pas s'étonner d'y rencontrer tout et n'importe qui. »

Certes, les Pompidou fréquentent le grand monde. Avant d'entrer au gouvernement de De Gaulle, Pompidou a été présenté à Guy de Rothschild pour travailler dans sa banque. Il a été l'administrateur de nombreuses sociétés du groupe bancaire. Grâce à ses liens avec la puissante famille, le couple Pompidou a été introduit dans le petit milieu de la jet-set. Ils roulent en Porsche, passent leurs vacances à Saint-Tropez en compagnie de différentes stars... Une fois nommé Premier ministre, Pompidou et son épouse ont cessé leurs fréquentations, mais Claude Pompidou, « grande blonde » très élégante, attachée à la mode et férue d'art contemporain, conserve un certain goût pour le luxe. Elle apparaît ainsi régulièrement en photo dans les magazines féminins, dans des tenues signées par les plus grands stylistes français. Le journal américain *Look* lui décernera d'ailleurs le label de la « première dame la plus distinguée d'Europe » en 1970.

Il n'empêche que les photos qui circulent semblent relever d'un grossier montage. Il se dit que l'une d'elles montre Claude Pompidou en grande débauche, tandis que son mari, drapé dans une toge blanche dans une pause d'orateur romain, observe la scène... Tant bien que mal, le couple conserve la tête haute. L'épouse salie et humiliée continue de se rendre aux dîners parisiens. Pompidou, lui, entame avec détermination la lutte politique contre les personnalités gaullistes qui, selon lui, sont à l'origine de l'affaire, puis il intensifie son engagement : à l'occasion d'un voyage à Rome en janvier 1969, il déclare qu'il sera candidat à l'élection présidentielle « lorsqu'il y en aura une ».

La sortie du scandale

Le soutien que Pompidou attendait de De Gaulle arrive finalement le 12 mars 1969, date à laquelle le couple est très officiellement invité à dîner à l'Élysée. C'est un geste symbolique en direction de l'opinion publique, mais, aussi, en direction de ceux qui ont dirigé le complot contre l'ancien ministre. C'est surtout, alors qu'est prévu un référendum décisif pour le président, un geste stratégique : de Gaulle a besoin, à ce moment-là, de l'appui de son ancien Premier ministre. L'atmosphère, ce soir-là, est glaciale. Ce sera la dernière entrevue entre les deux hommes.

Au lendemain du référendum du 27 avril 1969, les jeux sont faits : le Général, désavoué par le peuple français, qui rejette par 52,41 % de non « le projet de loi relatif à la création de régions et à la rénovation du Sénat », quitte ses fonctions. Élu chef de l'État le 15 juin 1969, Georges Pompidou prend soin de réformer profondément le SDECE (le Service de documentation extérieure et de contre-espionnage, ancêtre de la DGSE) en y plaçant un homme de confiance et en l'expurgeant des « barbouzes » qu'il soupçonne d'avoir joué un rôle dans le complot. Il conservera dans sa poche, jusqu'à sa mort, un petit carnet où figurent les noms des personnalités soupçonnées d'y avoir participé. Au sujet de ces événements, Pompidou déclarera plus tard : « Mon sort politique et quelque chose qu'on appelait autrefois l'honneur se sont joués d'extrême justesse. »

Si l'honneur du couple présidentiel est lavé, l'« affaire Markovic » n'est pas close. Il reste un cadavre retrouvé dans une décharge, et il faut un coupable. François Marcantoni, l'ami d'Alain Delon incriminé dans la lettre de Markovic, est un truand reconnu, qui fait un suspect idéal. L'homme passe onze mois en prison avant d'être libéré sous contrôle judiciaire en décembre 1969. En 1976, il obtiendra finalement un non-lieu, faute de preuves. Au sujet de cette affaire, il déclarera avec une gouaille digne des meilleurs dialogues de Michel Audiard : « Nous ne sommes que trois à savoir la vérité : Delon, moi et Dieu, or ce dernier ne balance jamais. » Des années plus tard, il reprend lors d'une interview la citation fameuse d'Édouard Herriot pour commenter l'imbroglio politique de l'époque : « La politique, c'est comme l'andouillette, ça doit sentir un peu la merde mais pas trop. »

Valéry Giscard d'Estaing

Un président en costume de Casanova

Successeur de Georges Pompidou, Valéry Giscard d'Estaing fait entrer la politique dans l'ère de la séduction. Élu président de la République en 1974, celui qui souhaite « regarder la France au fond des yeux » et « l'atteindre avec le cœur » accorde ses actes à son discours pour offrir aux Français une surprenante image de la fonction présidentielle. Dès le début de son septennat, il affiche un goût certain pour le beau sexe et laisse courir sans complexe les rumeurs. Quarante ans plus tard, c'est dans ses écrits littéraires que le président, toujours vert, affirme son goût pour le marivaudage.

« Giscard ne pense qu'aux femmes »

« Pendant mon septennat, j'ai été amoureux de 17 millions de Françaises », confesse en 1981 Valéry Giscard d'Estaing dans son autobiographie, *Le Pouvoir et la Vie*[1]. Ainsi, pour gouverner, il faut savoir aimer : chose à laquelle il s'applique avec diligence durant son mandat présidentiel. En juillet 1975, *Ici Paris* fait sa couverture en reprenant l'un des titres de la presse américaine : « Giscard ne pense qu'aux femmes », et sous-titre : « [...] Et tous les Français sont fiers de lui ». Sans

1. *Le Pouvoir et la Vie*, tome I, Compagnie 12, 1988.

Contexte politique

Issu d'une famille de la haute bourgeoisie d'origine auvergnate, Valéry Giscard d'Estaing est né le 2 février 1926 à Coblence, en Allemagne, alors que son père, haut fonctionnaire, y est en poste. Diplômé de l'École polytechnique et de l'ENA, il intègre en 1954 le cabinet d'Edgar Faure, président du Conseil, et est élu en 1956 député du Puy-de-Dôme. Trois ans plus tard, il devient secrétaire d'État aux Finances, puis ministre des Finances et des Affaires économiques à partir de 1962 dans les gouvernements Debré et Pompidou. En 1969, il vote non au référendum qui entraîne la démission du général de Gaulle. Sous la présidence de Georges Pompidou, il retrouve le portefeuille de l'Économie et des Finances qu'il conservera jusqu'en 1974. Candidat à l'élection présidentielle à la mort de Pompidou, il est élu le 19 mai 1974 face à François Mitterrand. Dans le domaine social, son septennat est marqué par des réformes de modernisation visant à réduire le décalage entre la loi et les mœurs de l'époque : abaissement de la majorité à 18 ans, autorisation du divorce par consentement mutuel, légalisation de l'IVG.

En 1979 éclate l'« affaire des diamants ». S'appuyant sur des notes rédigées par Jean Bedel Bokassa, empereur autoproclamé de Centrafrique, *Le Canard enchaîné* révèle qu'en 1973, Valéry Giscard d'Estaing, alors ministre des Finances, aurait reçu des plaquettes de diamants de la part du potentat, cadeau renouvelé après son arrivée à l'Élysée. Le président refuse de s'expliquer publiquement, s'enfermant dans un silence que nombre de Français jugent méprisant, voire suspect. La polémique dure jusqu'à la veille de l'élection présidentielle de 1981 que gagne François Mitterrand.

Député au Parlement européen entre 1989 et 1993, Valéry

Giscard d'Estaing est nommé en 2001 président de la Convention sur l'avenir de l'Europe et présente en 2003 le traité établissant une Constitution pour l'Europe. Il est élu en décembre de la même année à l'Académie française.

doute moins fiers que surpris de découvrir que l'Élysée abrite les frasques d'un nouveau Casanova.

Élu le 19 mai 1974, le troisième président de la République est aussi, à 48 ans, le plus jeune. Tel un Kennedy français (le physique et le charme en moins ?), il a bâti sa campagne autour du dynamisme, de la jeunesse et de la nouveauté. Il souhaite incarner un président dans l'air du temps, en dépit de cette image de technocrate guindé qui lui colle à la peau, et qu'il s'est employé à casser à grands coups de communication : on l'a ainsi vu durant la campagne jouer au football ou pianoter avec un talent contestable sur un accordéon. Comme le souligne le journal *Le Monde* en avril 1974, c'est la première fois, durant cette course à la présidence, que « l'électorat est invité à peser, outre les programmes et la prestance des candidats à l'Élysée, l'allure, les talents, voire le charme de leurs femmes ». Et l'on découvre ainsi Anne-Aymone Giscard d'Estaing posant dans la cuisine familiale ou « saisie » par les photographes en train de coller avec les enfants des affiches de Valéry.

Valéry « Folamour »

Moins de cinq mois après l'élection, l'idyllique tableau familial est écorné avec l'étonnant épisode du « laitier », révélé en octobre 1974 par *Le Canard enchaîné*. Quelques semaines plus tôt, par un petit matin, un accident de la circulation se produit dans Paris entre une Ferrari et une camionnette de laitier. Un accrochage somme toute anodin, si ce n'est que la voiture de sport est conduite par le président de la République, de retour d'une joyeuse virée nocturne. Dans le véhicule, qui lui aurait été prêté par le réalisateur Roger Vadim, le président – rebaptisé au passage « Valéry Folamour » – est alors en charmante compagnie. On évoque une jeune actrice aux tâches de rousseur mutines.

Dans la foulée de cette révélation, le journal *Le Monde* s'interroge sur la bonne gouvernance d'un pays dirigé par un amateur de nuits blanches. L'article se concentre sur les habitudes nocturnes du président, déclarant que « ses collaborateurs ignorent en général où il se trouve ». À l'Élysée, des phrases acides circulent, telle celle de Maurice Couve de Murville, ancien Premier ministre : « Giscard est le seul chef d'État au monde dont on sait à peu près sûrement où il ne couche pas. »

Dès lors, Paris bruisse des vagabondages diurnes du chef de l'État, auquel l'on prête de nombreuses conquêtes, avec un penchant marqué pour les actrices : Marlène Jobert ou Sylvia Kristel, interprète du film érotique *Emmanuelle* – qui ont chacune depuis démenti toute liaison avec l'ancien président –, ou encore Mireille Darc. Et d'autres encore : une jolie photographe de presse, une vedette de music-hall, une comtesse brune...

D'actrices en impératrice

En octobre 1979, le président est éclaboussé par l'« affaire des diamants » de Bokassa. Jean Bedel Bokassa, « président à vie » puis empereur autoproclamé de Centrafrique en

1976 lors d'un sacre grandiloquent – son costume était la réplique de celui de Napoléon, son carrosse de bronze et d'or était tiré par les chevaux du Haras national du Pin, mis à sa disposition par le président Valéry Giscard d'Estaing –, vient juste d'être renversé par une opération militaire menée par la France. Même si la controverse demeure sur la valeur réelle des diamants qu'aurait reçus le président français, diamants il y a sans doute eu, car il était dans les habitudes de Bokassa d'en offrir des plaquettes à ses invités de marque. Et Valéry Giscard d'Estaing a eu plus d'une fois l'occasion de rencontrer l'empereur. Grand adepte de la chasse, il a fait plusieurs séjours en Centrafrique durant les années 1970 pour traquer des bêtes plus grosses que les sangliers des domaines présidentiels de Rambouillet et de Marly.

En juin 1979, se sentant lâché par son ancien soutien, Bokassa aurait déclaré, non sans mégalomanie : « [Valéry Giscard d'Estaing] perdra la prochaine élection. Il verra du Bokassa partout, il ne pourra plus fermer l'œil. Je vous le dis aujourd'hui et j'en suis certain, à cause de moi il perdra la prochaine élection. » Ainsi, l'affaire des diamants et les documents – vrais ou faux – mis à la disposition des journalistes français auraient été les outils d'une vengeance bien orchestrée. Et cette vengeance, aux dires de Bokassa lui-même, n'aurait pas eu que des motivations politiques : car alors qu'il revêtait ses habits de chasseur blanc égaré en terre africaine, le président français se serait à l'occasion trompé de gibier, jetant son dévolu sur la femme du président, l'impératrice Catherine. De son exil à Abidjan, Bokassa écrit en 1980 au président du Togo : « Mon épouse est devenue et est la maîtresse de Giscard d'Estaing », et accuse même ce dernier d'avoir mis sa femme enceinte. L'ancien président ne s'est jamais exprimé sur cette embarrassante liaison supposée.

Le cœur a ses raisons…

Alors que s'évanouit avec la défaite de 1981 l'auréole de la fonction présidentielle, Giscard entame une seconde vie politique. En juillet 1999, durant la présidence de Jacques Chirac, l'éternel rival, Giscard dénonce dans une tribune du journal *Le Monde* ceux « qui traitent la politique comme un bien de consommation […] qui se sont demandé ce que la politique pouvait leur apporter en termes d'avantages, de carrière ». Une déclaration relevée avec ironie par certains observateurs qui, à la même époque, notent avec une curiosité faussement ingénue l'ardeur que met l'ancien président à placer sur les listes européennes son ancienne attachée parlementaire. De fait, grâce à ses demandes soutenues, Christine de Veyrac, jusqu'alors inconnue en politique, est élue en 1999 députée européenne sur la liste conduite par Nicolas Sarkozy.

En 2009, Valéry Giscard d'Estaing, qui souhaite voir son ancienne collaboratrice placée au deuxième rang de la liste de l'UMP aux européennes dans le Sud-Ouest, s'oppose farouchement à Alain Juppé, qui bataille pour une autre candidate. Nicolas Sarkozy, désormais président, tranche en faveur de la protégée de Giscard. En échange de ce soutien, ce dernier accepte de défendre publiquement la politique de Sarkozy, ce qu'il fait peu de temps après en qualifiant l'installation d'une unité d'infanterie allemande en Alsace de « décision historique » ; lui qui, pourtant, avait dénoncé avec émotion quelques années plus tôt la présence de soldats allemands lors du défilé du 14 Juillet sur les

Les femmes au pouvoir sous Giscard : révolution ou illusion ?

« Amoureux » des Françaises, Valéry Giscard d'Estaing souhaite aussi rompre avec la tradition masculine de l'exercice du pouvoir. S'il invite son épouse à l'accompagner durant ses vœux télévisés en 1975 – pour une prestation embarrassée que la première dame ne renouvellera pas –, il fait aussi une place aux femmes en politique. Sous sa présidence, la part des femmes dans le personnel gouvernemental passe à 9,5 %, contre 2,4 % sous de Gaulle et 3 % sous Pompidou. Le gouvernement comptera jusqu'à six femmes. Si certains voient en Giscard un pionnier de la féminisation en politique et un président attentif aux aspirations égalitaires des femmes, d'autres tempèrent son rôle par la modestie des fonctions qui sont attribuées à la plupart. Quant à celles qui occupent des postes plus importants (Alice Saunier-Séité, secrétaire d'État puis ministre aux Universités, Simone Veil, la très populaire ministre de la Santé, ou Françoise Giroud, à la tête du secrétariat d'État à la Condition féminine), leur champ d'action – éducation, santé, condition féminine – ne manque pas d'évoquer les traditionnels domaines « domestiques », perpétuant la division des champs de compétence entre les sexes.

Champs-Élysées. Ce revirement ainsi que cette insistance opiniâtre pour obtenir le soutien de son ancienne collègue auraient, selon le journaliste Daniel Carton[1], des enjeux très personnels : de trente-trois ans sa cadette, la députée européenne serait l'une de ses anciennes maîtresses et,

1. *Bien entendu... c'est off*, Albin Michel, 2003.

mieux encore, aurait eu avec lui un fils caché. Ou quand la raison du cœur l'emporte sur les convictions politiques...

L'ingénu libertin

Après avoir livré en 1994 un premier roman, *Le Passage*[1], une histoire d'amour sur fond de scènes de chasse qui laisse la critique pantoise (l'auteur fut comparé dans *Le Figaro* à « un Grand Meaulnes qui aurait croisé Bécassine »), Valéry Giscard d'Estaing publie en 2009 *La Princesse et le Président*[2]. Il y peint les amours du président Lambertye et de la princesse Patricia de Cardiff, derrière lesquels se devinent sans peine son propre personnage et celui de la défunte princesse Diana. Une bluette où la candeur est à l'image du pseudonyme sous lequel il envisage d'abord de signer : « Anne Eaux-Nîmes », comme anonyme. Un pseudonyme qui évoque aussi un prénom, Anne-Aymone, comme un sursaut de l'inconscient pour intégrer l'épouse à cette curieuse entreprise romanesque, récit d'un amour adultère ayant pour cadre les ors des palais présidentiels – que l'auteur décrit avec plus d'inspiration que les émois de son protagoniste, « trembl[ant] sous le glaive de l'amour absolu ».

S'agit-il d'une création littéraire, d'un fantasme ou du souvenir (bien fade) d'une liaison réelle ? Si l'on s'interroge de chaque côté de la Manche, l'incrédulité l'emporte bientôt chez les Britanniques tandis que la gêne domine en France. L'ancien président laisse planer le doute, puis confesse avoir tout inventé afin de « rendre hommage » à la princesse de Galles. D'où cette « Promesse tenue » en

1. Robert Laffont, 1994.
2. Éditions de Fallois, 2009.

exergue de l'ouvrage : lors de leur rencontre, le président se serait engagé auprès de Diana à écrire un livre sur les « histoires d'amour entre les dirigeants de grands pays ».

« J'avais écrit un livre bien meilleur sur la Constitution européenne, mais la plupart des Français, hélas, ont voté contre », déclare-t-il lors d'une interview télévisée. Rien de tel alors, pour occuper la scène médiatique, que la mise en scène du sexe et du pouvoir. Une association bien souvent plus efficace, à ce jeu, que la simple politique.

François Mitterrand

Des amours sous bonne garde

Une fois son second mandat terminé, alors que tout le monde sait qu'il est gravement malade, la France apprend que François Mitterrand a une fille cachée. Après sa mort, c'est le grand déballage : d'anciens membres de son entourage dévoilent les habitudes de don Juan d'un président à qui sa double vie ne suffisait pas. Militantes, journalistes, comédiennes... on ne compte plus celles qui auraient été épinglées au tableau de chasse de ce grand séducteur qui ne fut pas plus fidèle à sa femme qu'à sa maîtresse.

Des funérailles qui font date

Le 11 janvier 1996, l'ancien président François Mitterrand est enterré à Jarnac. Il n'a quitté le pouvoir que depuis quelques mois et, pour rendre hommage à celui qui a dirigé le pays pendant quatorze ans, les obsèques sont retransmises en direct à la télévision. Aux côtés de la veuve, Danielle, et de ses enfants, la France découvre, stupéfaite, la fille naturelle du défunt ainsi que celle qui fut la femme de l'ombre pendant plus de trente ans, Anne Pingeot. Depuis novembre 1994 et une fameuse couverture de *Paris-Match*, l'existence de Mazarine n'était plus un secret, mais nul ne pensait voir les deux familles du président ainsi rassemblées. La presse

Contexte politique

François Mitterrand est né le 26 octobre 1916 à Jarnac, en Charente. Entré tôt dans une carrière politique prometteuse, il ne parviendra à la présidence de la République qu'en 1981, après deux échecs. Mais son « règne » durera quatorze ans.

Pendant la Seconde Guerre mondiale, il est fait prisonnier en Allemagne mais parvient à s'évader en 1942. Il rejoint la France et commence à travailler pour le gouvernement de Vichy du maréchal Pétain. Parallèlement, il entre dans la Résistance, où il opère sous le nom de Morland. Après la guerre, Mitterrand adhère à l'Union démocratique et socialiste de la Résistance (UDSR), et, en 1947, il devient ministre des Anciens combattants. Il sera onze fois ministre sous la IVe République, se voyant notamment confier le portefeuille de l'Intérieur par Mendès France en 1954.

En 1959, François Mitterrand est impliqué dans l'attentat de l'Observatoire, qu'il aurait commandité contre lui-même pour gagner les faveurs de l'opinion publique. En 1965, il se présente à la présidentielle contre le général de Gaulle, et échoue. Il réorganise en 1971 le Parti socialiste et en prend la tête. Giscard d'Estaing remporte l'élection présidentielle en 1974, mais Mitterrand tient sa revanche le 10 mai 1981. Il sera réélu à la présidence en 1988. Il mourra en 1996 d'un cancer diagnostiqué dès 1981, première année de son premier mandat, mais tenu secret à l'aide de bulletins de santé falsifiés.

étrangère s'étrangle : il n'y a qu'en France, pays de Feydeau et du fameux « ménage à trois », qu'une telle situation est concevable !

Pourtant, pendant des décennies et jusqu'à peu avant sa mort, Mitterrand a soigneusement caché sa double vie, recourant même à des écoutes illégales pour protéger sa fille cachée. Il n'a pas divorcé pour ne pas gâcher ses chances d'accéder un jour au pouvoir, alors que son couple avec Danielle Mitterrand ressemblait à du compagnonnage et qu'il multipliait les aventures. L'époque ne se prêtait pas encore au « cocufiage public » et à l'étalage des idylles des présidentiables dans les magazines.

D'une passion à l'autre

Homme à femmes, Mitterrand l'a toujours été, et cette passion aurait pu maintes fois lui coûter sa carrière politique. En 1954, il faillit ne pas être nommé ministre de Mendès France car il était trop occupé à batifoler avec l'actrice Martine Carol pour assister à la réunion préparant la composition du gouvernement. Au journaliste Franz-Olivier Giesbert, il dira : « J'en avais choisi une. Elle ne m'a pas choisi. Alors je les ai choisies toutes[1]. » L'élue s'appelait Marie-Louise Terrasse. Elle a à peine 15 ans, lui 21, lorsqu'ils se rencontrent lors d'un bal de l'École normale supérieure en 1938. Il fait une cour assidue à celle qu'il appelle « Zou ». Ils se fiancent en 1940, mais, alors qu'il est prisonnier en Allemagne, Marie-Louise rompt en 1942 pour épouser peu après un comte polonais. Elle fera quelques années plus tard une belle carrière à la télévision, devenant célèbre sous le nom de Catherine Langeais.

Mitterrand pleure un temps son grand amour perdu, puis épouse en octobre 1944, six mois après l'avoir rencontrée, Danielle Gouze, une jeune résistante. De cette union naissent trois garçons, Pascal (qui mourra en bas

1. *François Mitterrand, une vie*, Seuil, 1996.

âge), Jean-Christophe et Gilbert. Après la guerre, François Mitterrand commence son ascension politique, en décrochant dès 1947 son premier portefeuille de ministre. Mais son ambition ne le détourne pas des femmes.

En 1961, alors qu'il est en vacances en famille à Hossegor, il tombe sous le charme d'une jeune fille de 18 ans. Il en a bientôt 45. Anne est la fille d'un riche industriel de Clermont-Ferrand. Sa mère, Thérèse Pingeot, demande à l'homme politique de veiller sur la jeune bachelière qui va s'installer à Paris pour suivre des études d'art. François Mitterrand va effectivement la prendre sous son aile, et même un peu plus. Anne, la bourgeoise, la catholique, tombe follement amoureuse de cet homme bien plus âgé et accepte de vivre dans l'ombre. Quand elle accouche en 1974, à Avignon – pour éviter toute indiscrétion –, de Mazarine, cet enfant qu'elle a voulu envers et contre lui, le père n'est pas à ses côtés. Elle vivra sa passion cachée : seul un petit cercle de proches de Mitterrand, dont les époux Badinter, Laurence Soudet et François de Grossouvre, est au courant de son existence et de celle de sa fille.

Une double vie aux frais de la République

François Mitterrand mène désormais une double vie. Ce qui ne l'empêche pas d'avoir d'autres aventures. Danielle sait. « Les non-dits ne signifiaient pas l'ignorance », écrira-t-elle. Elle souffre, mais accepte le pacte que son mari lui propose plus ou moins tacitement : chacun sera libre d'avoir des liaisons, mais le couple continuera à sauvegarder les apparences. Il faut que rien ne s'ébruite, ce serait bien trop dangereux pour la carrière de celui qui rêve d'un destin présidentiel. Si, au début, Danielle vit mal l'infidélité de son mari, elle va ensuite profiter de cette liberté : « Je n'ai pas fait vœu de chasteté parce que mon mari me trompait », avoue-t-elle bien des années plus tard lors d'une interview à *Paris-Match*. Elle prend des amants au sein du Parti, puis file le grand amour avec un professeur de gymnastique d'une douzaine d'années de moins qu'elle, qui vivra à ses côtés rue de Bièvre, mais seulement jusqu'en 1981. François Mitterrand a été élu, et un président ne peut quand même pas vivre avec l'amant de sa femme au domicile conjugal !

Cette fonction présidentielle, François Mitterrand la désirait depuis longtemps. Il a échoué en 1965 contre le général de Gaulle, en 1974 contre Giscard. Au cours d'un débat télévisé qui les a opposés, celui-ci a d'ailleurs laissé entendre comme une menace qu'il connaissait le secret de son adversaire : « Clermont-Ferrand, c'est une ville qui vous connaît bien et qui me connaît bien... » lance-t-il, faisant référence à la ville où a grandi Anne Pingeot.

Quand Mitterrand accède enfin au pouvoir, il s'emploie à sauvegarder sa double vie en utilisant tous les moyens, et ils sont grands, que lui offre la République. Anne et Mazarine quittent la rue Jacob pour un appartement du quai Branly appartenant à l'État, attribué officiellement à la confidente Laurence Soudet, conseillère à l'Élysée. Il est situé dans un immeuble où vit, et veille, François de Grossouvre, parrain de Mazarine, et Mitterrand peut s'y rendre en toute quiétude presque tous les soirs. Avec sa deuxième famille, le président passe également ses week-ends dans le domaine présidentiel de Souzy-la-Briche, mais le dimanche soir il dîne avec Danielle et les garçons ainsi que quelques proches. Une cellule, faite d'anciens membres du GIGN et rétribuée par l'État, est constituée pour assurer la sécurité de sa fille naturelle et de sa mère et faire en sorte que leur existence ne s'ébruite pas. Celle-ci, cependant, commence à faire surface : le journal d'extrême droite *Minute* a déjà relayé l'information il y a longtemps, mais cela n'a pas eu beaucoup d'écho. Puis c'est l'écrivain Jean-Edern Hallier qui menace de publier un livre à ce sujet et renonce, après que des pressions qui confinent au harcèlement ont été exercées à son encontre. Des écoutes, à des fins soi-disant antiterroristes, sont pratiquées illégalement, essentiellement pour surveiller tous ceux – journalistes, avocats, hommes d'affaires... – qui pourraient divulguer le secret. « L'affaire des écoutes de l'Élysée » éclatera en 1993 et se conclura en 2005, après la mort du président qui les avait ordonnées, par la condamnation de sept de ses anciens collaborateurs.

« J'aime que l'on m'aime, et nul ne peut m'en vouloir »

Mitterrand a besoin de conquérir les cœurs, et les corps. Il n'a pas un physique de séducteur, mais il a énormément de charme, et le pouvoir est, dit-on, un puissant aphrodisiaque. Pour la journaliste Michèle Cotta, « il ne concevait pas un congrès ou une réunion politique sans partir à la fin avec une fille[1] ». Elle-même l'a eu comme amant, lorsqu'elle était étudiante à Sciences Po et qu'il venait l'attendre après les cours : « J'avais 20 ans, il en avait 41. » Plus tard, elle lui a servi de « chauffeur », l'amenant voir ses conquêtes aux quatre coins de Paris. Elle raconte : « Il pouvait y avoir trois ou quatre femmes qui l'attendaient. Il leur disait : rentrez chez vous et attendez. Beaucoup ont longtemps patienté derrière leur téléphone. »

1. *Sexus politicus*, Christophe Deloire et Christophe Dubois, Albin Michel, Paris, 2006.

La journaliste n'est pas seule à décrire Mitterrand comme un Casanova, personnage qu'il admirait d'ailleurs beaucoup. Le chauffeur du président défunt, Pierre Tourlier, évoque également dans son livre, *Conduite à gauche*[1], un homme qui aimait les femmes, et les consommait sans modération. Certaines soirées, il les dégustait comme un menu, « une entrée, un plat principal et un dessert ». Mais d'ajouter que le président se comportait élégamment avec ses conquêtes, en leur offrant souvent une place « là où elles pouvaient lui servir ». Il aurait eu ainsi un « cheptel » à l'Élysée. On se souvient des mots de Michel Charasse selon lequel Mitterrand ne nommait à des hauts postes des anciennes maîtresses « que lorsqu'elles étaient devenues des souvenirs ». Il pensait sans doute à Édith Cresson, nommée Premier Ministre en 1991 et que certains ont surnommée « la Pompadour », avec laquelle Mitterrand avait eu une histoire au milieu des années 1960. Le chauffeur bavard raconte par ailleurs une anecdote cocasse : Mitterrand aurait eu une entrevue nocturne avec une reine d'un pays du Proche-Orient... lors d'une visite officielle à Paris, qu'il aurait discrètement rejointe en l'absence de son royal époux. Mitterrand aurait cependant affirmé ensuite que ce rendez-vous avait été « purement culturel et cérébral ».

Le portrait que dresse Daniel Gamba, membre du Groupe de la sécurité de la présidence de la République (GSPR), n'est guère éloigné de celui du chauffeur. Selon celui qui l'a côtoyé entre 1990 et 1995, « les femmes, nous les voyions passer, plus ou moins longtemps, on en apercevait une entre deux portes, l'une chassant l'autre ». Il décrit le prédateur en chasse : « Son œil était un radar. [...] Même au cœur de la foule, n'importe où, il repérait [...] la femme de nature invitante, la fraîcheur revigorante, ou la simple beauté. Cela

1. Pierre Tourlier, *Conduite à gauche*, Denoël, 2010.

commençait donc par un balayage oculaire. Et se poursuivait par un repas en tête à tête à l'Élysée. Entre les deux : mystère. Nous ne le voyions jamais approcher directement les femmes sur lesquelles il avait jeté son dévolu[1]. » Daniel Gamba suggère que le président avait mis au point un système de rabattage, le contact avec la femme désirée étant établi par l'un de ses intimes. Cet ancien « interlocuteur privilégié » cite Michel Charasse et Pierre Bergé. Si on l'en croit, la maladie n'a pas freiné les ardeurs du vieux président. « Il en a vu jusqu'au bout, [...] alors qu'il était très amoindri par le cancer et qu'il faisait peine à voir. Un matin des derniers jours de pouvoir, je suis entré dans sa chambre de l'Élysée vers 10 heures du matin. Il était encore en pyjama, allongé sur son lit. On a discuté un instant jusqu'à ce quelqu'un frappe à la porte et entre sans invitation. C'était une jeune personne charmante. [...] Elle était plutôt à l'aise et elle a participé tranquillement à la conversation. »

Un petit « Mazarin suédois » ?

Si son entourage s'est répandu sur ses conquêtes après sa mort, les maîtresses elles-mêmes sont restées plutôt discrètes. Sauf une. Un jour, au début des années 1990, une femme vraisemblablement ivre hurle devant un commissariat qu'elle est la maîtresse du président. L'Élysée est rapidement prévenu, et l'affaire vite étouffée. Cette amoureuse déçue est une journaliste suédoise. Christina Forsne a connu François Mitterrand en couvrant la réunion de l'Internationale socialiste en 1979. Il l'a abordée avec ces mots : « Vous ne parlez que de politique, madame. Vous n'aimez

1. Daniel Gamba, *Interlocuteur privilégié*, Lattès, 2003.

pas la vie ? » Deux ans plus tard, alors qu'elle devient correspondante à Paris, leur relation débute. « C'est lui qui était demandeur, très demandeur, pas moi. Si j'avais su que quelques mois plus tard il allait devenir président de la République, je me serais sauvée à toutes jambes, je crois... » Leur relation, qui a duré quatorze ans, elle l'a évoquée dans un livre en 1997, simplement intitulé *François*. Elle est alors retournée en Suède, avec son fils, que certains médias présentent comme l'enfant naturel du président Mitterrand, un « petit Mazarin sans le *e*... ». Cependant aucun test ADN n'a été fait, ni même demandé.

Le goût pour des belles actrices

Le terrain de chasse du séducteur Mitterrand ne se résumait pas au monde politique ou journalistique. Il avait aussi un faible pour les artistes, et même si toutes n'ont pas cédé à ses avances, il en a séduit quelques-unes. Son histoire avec Dalida est un secret de Polichinelle, même si le frère de la chanteuse, Orlando, l'a toujours niée. Elle était en première ligne des fidèles au Panthéon le jour de l'investiture du président. Mitterrand appréciait aussi les grandes actrices, et Giulia Salvatori, fille d'Annie Girardot, raconte comment, enfant, dans les années 1970, elle tombe un soir nez à nez avec François Mitterrand, en « caleçon et chemise[1] », se faufilant hors de l'appartement alors que l'amant officiel, l'acteur Bernard Fresson, tambourine à la porte.

Georges-Marc Benamou, dans *Le Dernier Mitterrand*[2],

1. Giulia Salvatori, *Annie Girardot : la mémoire de ma mère*, Michel Lafon, 2007.

2. Plon, 2005.

évoque un déjeuner avec le président à la fin de sa vie. Le vieil homme s'illumine lorsqu'il découvre dans le restaurant Juliette Binoche, qu'il fixe pendant tout le repas. « C'est la plus grande. » Son admiration est ancienne, il a rencontré l'actrice dans une librairie d'art quelques années auparavant. Et en 1989, il a accordé à Leos Carax l'autorisation de tourner quelques scènes le 14 juillet sur la place de la Concorde, pour *Les Amants du Pont-Neuf* ; il a répondu personnellement à une demande signée de la main de l'actrice, qui s'était fait porte-parole de son réalisateur, devinant sans doute que le président ne résisterait pas à son charme. Mitterrand n'était pas non plus insensible à la beauté de Sophie Marceau. Georges-Marc Benamou rapporte ses propos lorsqu'il apprit que l'actrice attendait un enfant de Andrzej Żuławski : « Mais qu'est-ce qu'elle lui trouve de plus qu'à nous, à ce réalisateur polonais ? »

Carole Bouquet, de son côté, n'a toujours pas compris pourquoi elle avait été mise sur écoute, aux côtés de journalistes qui pouvaient représenter une menace politique. « Ça amuse tout le monde qu'une actrice ait été écoutée, alors que ce n'était pas moi, c'était Jean-Pierre (Rassam, son compagnon de l'époque), a-elle expliqué dans *Les Inrockuptibles*. Ils ont pensé qu'il avait des rapports avec Khadafi à cause du film qu'il tournait sur Amin Dada. Mais ils ont continué à m'écouter après la mort de Jean-Pierre. » Le président avait-il eu un coup de cœur pour elle ? « Ça fait fantasmer parce qu'il aimait beaucoup les jolies femmes et les cheveux longs. Mais ce n'était pas ça : s'il avait voulu me connaître, il aurait trouvé un moyen. » À moins que le président n'ait jamais osé avouer sa flamme à la belle actrice, préférant se contenter d'écouter sa voix… et ses conversations intimes.

Jacques Chirac

L'esprit d'aventure

« Les aventures amoureuses n'ont pas joué un rôle déterminant dans ma vie. Il y en a que j'ai bien aimées, aussi discrètement que possible... », confessait il y a quelques années Jacques Chirac[1]. Pourtant des aventures, il en eut, et ô combien nombreuses ! Discrètes, elles le furent. Parce que la fonction l'exigeait ; parce que, surtout, son proche entourage y veilla.

Jacques le tombeur

Le Chirac au regard profond, cigarette au coin des lèvres, qui foule adolescent les trottoirs de Paris où il poursuit ses études, a des allures de James Dean. Un peu frondeur, avec un goût prononcé pour l'aventure et l'indépendance. À 17 ans, il rêve de devenir capitaine au long cours. Le bac en poche, sans l'accord de son père, il s'engage pour trois mois comme matelot sur un cargo reliant Le Havre à Alger. Il découvre la vie de marin, sur mer comme sur terre. Lors du déchargement dans la capitale algérienne, un de ses compagnons, le *bosco*, un homme « étonnant », prend en main son dépucelage. « Il m'a emmené dans les

1. Pierre Péan, *L'Inconnu de l'Élysée*, Fayard, 2007.

Contexte historique

Né en 1932 à Paris, Jacques Chirac est issu d'une famille corrézienne. C'est à Sciences Po qu'il rencontre sa future femme, Bernadette Chodron de Courcel, qu'il épouse en 1956. Après son service militaire, il se porte volontaire en Algérie – il est partisan de l'Algérie française – et intègre à son retour l'ENA. Sa carrière de haut fonctionnaire comme son mariage, qui le hisse dans un nouveau milieu social, le font changer de bord politique. Proche des communistes dans sa jeunesse, il se rallie en 1958 au gaullisme, devient en 1967 le plus jeune membre du gouvernement avant d'être nommé ministre de l'Agriculture par Pompidou en 1972. À la mort de ce dernier, il soutient la candidature de Valéry Giscard d'Estaing qui le nomme, une fois élu, Premier ministre. Prenant ses distances avec le président, il démissionne en 1976 et fonde un an plus tard le RPR. Maire de Paris de 1977 à 1995, il organise depuis ce poste sa main-mise sur la droite.

Sous le premier mandat de François Mitterrand, il devient en 1986 le Premier ministre de la « première cohabitation ». En 1995, lors de sa troisième candidature à l'élection présidentielle, il est élu au second tour face à Lionel Jospin. Après la dissolution ratée de 1997, ce mandat est marqué par la cohabitation, durant cinq ans, avec l'ancien candidat socialiste. C'est aussi la période où ressurgit l'affaire des emplois fictifs de la mairie de Paris, avec les aveux posthumes de Jean-Claude Méry, financier occulte du RPR, qui implique directement l'ancien maire. Protégé par l'immunité présidentielle, Jacques Chirac se présente en 2002 à sa propre succession à la tête de l'État. L'élimination de Jospin au premier tour donne lieu à un face-à-face entre le président sortant et le candidat du Front national. Les Français, sous le choc, votent massivement pour Chirac, élu à 82,2 % des voix. Ce second mandat en demi-teinte est entaché par l'implication du président dans divers scandales financiers – neuf au total depuis 1995 – et l'ombre d'un procès à la fin de sa présidence. Après plusieurs reports, celui-ci a lieu en septembre 2011 : le tribunal correctionnel de Paris condamne Jacques Chirac à deux ans de prison avec sursis pour « détournement de fonds publics », « abus de confiance », « prise illégale d'intérêts » et « délit d'ingérence ».

fameux quartiers de la Casbah où nous avons passé la nuit entière. Quand au matin, je suis redescendu vers le port, dans l'odeur de crésyl sur les trottoirs, d'anisette et de produits coloniaux, je n'étais plus le même homme[1]. » Mais l'homme nouveau, une fois rentré en France, est rattrapé au collet par le père, quitte les ponts et reprend ses études.

À 20 ans, attiré par les idées communistes, ce grand brun au physique athlétique et au sourire ravageur vend *L'Humanité-Dimanche* sur la place Saint-Sulpice. Puis il rejoint le parcours des fils de bonne famille et entre à Sciences Po. Son camarade de l'époque, un certain Michel Rocard, est « éberlué par son audace auprès des filles ». Parmi elles, une blonde très comme il faut, Bernadette Chodron de Courcel, à laquelle il fait une cour discrète. À l'été 1953, lors d'un séjour aux États-Unis pour une *summer school*, le désir d'évasion l'emporte : une belle étudiante avec des taches de rousseur lui murmure des *honey child* à l'arrière de sa Cadillac décapotable et devient sa fiancée. Mais les Chirac ne veulent pas pour belle-fille

1. Jacques Chirac, *Chaque pas doit être un but. Mémoires*, Nil, 2009.

cette Américaine qui roule cheveux au vent. Retour au bercail et fiançailles, dans la foulée, avec la sage Bernadette, qu'il épouse en 1956.

« Le jour où Napoléon a abandonné Joséphine, il a tout perdu »

Amis, proches collaborateurs, journalistes : tout le monde connaît le goût de Jacques Chirac pour les femmes. « Il n'avait qu'à claquer des doigts », dit Denis Tillinac, écrivain et ami de longue date. Bernadette, l'épouse indéfectible, reconnaît le « succès formidable » de son époux. « Bel homme, et puis enjôleur, très gai. Alors les filles, ça galopait. » Si elle ferme les yeux le plus souvent, elle sait recadrer le mari volage lorsque la situation dérape. « Vous me prenez pour une conne ! aurait-elle lancé un jour à celui qui est alors maire de Paris. Vous ne serez jamais président si je ne suis pas avec vous[1] ! » Idée qu'elle exprime dans un langage plus soutenu dans son livre *Conversation*[2], paru en 2002 : « Mon mari est toujours revenu au point fixe. De toute façon, je l'ai plusieurs fois mis en garde : "Le jour où Napoléon a abandonné Joséphine, il a tout perdu[3]." » À quelques mois de la présidentielle, l'inconstance du candidat, adoubé par Madame, n'est plus une faiblesse attaquable.

Devenir président : si Jacques Chirac dément avoir eu cette ambition dès ses premiers pas en politique, qui le conduisent rapidement dans le cercle rapproché du prési-

1. Jean-Claude Laumond, *Vingt-cinq ans avec lui*, Ramsay, 2001.
2. Bernadette Chirac, Patrick de Carolis, *Conversation*, Plon, 2001.
3. *Ibid.*

dent Georges Pompidou, d'autres l'ont eu très tôt pour lui. Il est des éminences grises qui, dans l'ombre, tricotent les destinées, quitte à empiéter sur la vie privée de leur protégé. Dans les années 1970, le mentor de Chirac se nomme Marie-France Garaud, conseiller technique de Pompidou à l'Élysée. Classée comme « la femme la plus puissante de France » par *Newsweek* en 1973, celle qui choisit les cravates de Chirac et l'appelle « mon petit poussin » est aussi là pour prévenir ses gaffes.

En 1974, alors qu'il est fraîchement nommé à Matignon par Valéry Giscard d'Estaing, il connaît une liaison passionnée avec une journaliste du *Figaro*. Pour faciliter les rendez-vous, il l'installe carrément dans un appartement proche de ses bureaux. Bientôt le cénacle chiraquien tremble : le Premier ministre songerait à quitter son épouse pour vivre sa passion. Inadmissible. Dès lors, les pressions et les menaces se font vives pour que la journaliste mette fin à l'idylle. L'initiative reviendra finalement à Chirac : « C'est fini ! », lui annonce-t-il au téléphone, « J'ai l'interdiction de te revoir ». Quelques jours plus tard, il démissionne de son poste de Premier ministre, premier pas en solitaire vers la course à la présidentielle qu'il décrochera bien des années plus tard, en 1995.

Omniprésente dans la vie de Chirac, Marie-France Garaud, l'élégante et brillante égérie, l'est un peu trop au goût de Bernadette. À la veille des élections européennes de 1979, cette dernière pose à son mari un ultimatum : « Quels que soient les résultats des élections, ces gens-là s'en iront. Ou bien c'est moi qui partirai. » La conseillère, qui vouait à Chirac une tendresse ambiguë, est remerciée. Elle déclarera des années plus tard : « Je croyais Chirac fait du marbre dont on fait les statues, je m'aperçois qu'il est fait de la faïence dont on fait les bidets. » La rancœur à la vie dure.

« Trois minutes, douche comprise »

Les années qui suivent sont celles d'un « abattage terrible[1] », toujours selon les mots de Bernadette. Les conquêtes filent, rapidement. Dans ses mémoires, l'ancien chauffeur de Jacques Chirac, vertement remercié après vingt-cinq années de service, décrit son ancien employeur comme un chaud lapin qui tire sur tout ce qui bouge. « [Il] a eu, jusqu'à l'écœurement, les militantes du parti, les secrétaires de l'organisation, toutes celles avec lesquelles il passait cinq minutes affairées au sixième étage du 123 rue de Lille, redescendant l'œil vif et les chaussettes tire-bouchonnées[2]. » Et de révéler le surnom dont ces dames le gratifie : « Trois minutes, douche comprise ! » Un sobriquet qui rend hommage au côté rabelaisien et grivois du président du RPR, qui a fait sien un toast cavalier : « À nos femmes, à nos chevaux, et à ceux qui les montent ! »

Parmi les conquêtes de Chirac figureraient aussi des personnalités en vue. Des politiques, comme celle qui fut la seule femme ministre de son gouvernement lors de la cohabitation en 1986, Michèle Barzach. Des journalistes, aussi, qui rejouent sans fin la suspecte connivence entre le pouvoir et les médias. Au début des années 1990, le réalisateur Pierre Carles saisit en images, dans les coulisses d'un plateau télévisé, la trouble intimité entre Michèle Cotta et son invité. Le film, qui devait s'intituler *Les Bonnes Fréquentations*, ne sera jamais diffusé.

Bernadette, l'épouse conciliante mais vigilante, sait désamorcer les rumeurs lorsqu'elles se font trop pres-

1. Pierre Péan, *op. cit.*
2. Jean-Claude Laumond, *op. cit.*

santes. En mars 1998, lors d'un déplacement en Corrèze, tandis que la liaison supposée entre celui qui est devenu trois ans plus tôt président de la République et la sublime Claudia Cardinale fait jaser dans les salles de rédaction, elle lance aux journalistes et aux photographes qui la suivent : « Pourquoi toute cette presse ? Je ne suis pourtant pas Claudia Cardinale ou Gina Lollobrigida, tout de même ! »

« Où est mon mari ? »

Mais quand les amours de Jacques Chirac ont des conséquences sur ses fonctions élyséennes, le détournement par l'humour atteint ses limites. Lorsque, la nuit 31 août 1997, la princesse Diana est tuée dans un accident dans le tunnel de l'Alma, le ministre de l'Intérieur, Jean-Pierre Chevènement, ne parvient pas à joindre le président. Et Bernadette Chirac se garde bien de formuler la question tant de fois posée au chauffeur : « Mais enfin M. Laumond, où est mon mari ce soir ? » « Secret défense », déclare des années plus tard celui-ci, laissant toutefois entendre que le président passait la nuit en bonne compagnie. Au petit matin, la première dame ira seule rendre hommage à la dépouille de la princesse.

En 11 juillet 2001, *Le Canard enchaîné* publie une photo de Chirac « lézardant » sur une plage du Royal Palm à l'île Maurice, en compagnie de deux charmantes journalistes officiant l'une à l'AFP, l'autre au *Figaro*. Le cliché, qui date de mai 1992, a été ressorti des placards alors qu'un juge enquête sur la centaine de billets d'avion que le chef de l'État et des membres de sa famille ont payés en liquide, pour trois millions de francs. Sur cette somme, que l'on soupçonne d'être un reliquat des commissions occultes, quelque 170 000 francs ont été consacrés à divers voyages de la journaliste de l'AFP, qui n'accompagnait pas Chirac juste pour des reportages.

C'est une habitude : lors de ses voyages officiels, Chirac aime joindre l'utile à l'agréable. Notamment lorsqu'il se déplace au Japon, pays dont la culture le passionne. Une quarantaine de séjours au total au pays des sumos. C'est beaucoup. Problème : dès 1996, les services secrets français soupçonnent l'existence d'un compte ouvert au nom de Chirac dans l'un des établissements du sulfureux banquier Shoichi d'Osada, qui donne pour le président des fêtes splendides dans son luxueux palace de l'île d'Awashima. Chirac l'a même décoré de la Légion d'honneur, mais c'était avant que l'homme d'affaires soit condamné par son pays à trois ans de prison pour malversations.

À la veille de l'élection présidentielle de 2002, l'affaire du compte japonais ressurgit : les centaines de millions de francs qui y auraient transité serviraient à financer l'éducation du fils caché que Chirac aurait eu avec une Japonaise. Pour Jacques Chirac, c'est un coup monté par le gouvernement de Lionel Jospin, futur candidat à la présidentielle : « C'est scandaleux : vous utilisez les services de l'État pour monter des dossiers contre moi ! », aurait lancé le président au Premier ministre. Rumeur farfelue, selon les proches du président, mais qui a la vie dure : le fils caché aurait aujourd'hui 17 ans.

« Pupuce » et les autres

En dépit des nombreux scandales financiers qui émaillèrent ses mandats, Jacques Chirac demeure en 2011 la personnalité politique préférée des Français. Son parler jovial, son goût affiché, et non feint, pour la bonne chère et la bière, lui valent la sympathie de ces anciens électeurs à l'heure où Nicolas Sarkozy joue la carte, beaucoup moins populaire, du « bling-bling ».

À presque 80 ans, le président, affaibli physiquement, n'est plus le don Juan qu'il était ; mais le séducteur demeure et le regard, parfois absent, s'éclaire lorsqu'une jolie femme entre dans son champ. On l'a ainsi vu en 2011, lors d'un rendez-vous avec le président guinéen Alpha Condé, bien moins attentif aux déclarations du chef d'État africain sur le « printemps arabe » qu'à une blonde jeune femme. Les caméras saisirent les petits bisous lancés et les clins d'œil appuyés adressés à « Pupuce », comme il la nomme alors.

Le blagueur-dragueur récidive quelques mois plus tard au musée de Sarran, en Corrèze. L'objet de son émoi, l'élue socialiste Sophie Dessus, l'avait déjà troublé deux années plus tôt, au même endroit. Les caméras du *Petit Journal* de Canal Plus sont là pour filmer les retrouvailles. « M. Chirac se tiendra bien cette fois-ci. Je vais lui dire d'être sage », déclare la jeune femme. Raté. Face à une antiquité chinoise, Chirac se tourne, charmeur, vers l'élue : « Je peux peut-être le piquer et te l'offrir. » Et quand François Hollande s'adresse à elle, Chirac s'en mêle : « Tu es en train d'essayer de séduire ma copine ! Y a plus d'amis. » Regard courroucé de Bernadette, qui veille au grain. Comme toujours.

Bill Clinton

Le Monicagate

Si les journalistes américains faisaient encore montre d'un silence discret sur les aventures de John F. Kennedy, il n'en est plus de même quarante ans plus tard. À l'ère de l'information en direct, et par la volonté d'un procureur républicain acharné, rien des ébats sexuels du président démocrate Bill Clinton et de Monica Lewinsky, ancienne stagiaire à la Maison-Blanche, ne sera dissimulé au grand public. Pris dans le piège du mensonge, le 42e président des États-Unis frôle en 1998 la destitution.

« Clinton a un problème de braguette »

Le 17 août 1998, les chaînes de télévision du monde entier retransmettent en boucle la déclaration télévisuelle que Bill Clinton livre à ses compatriotes : « J'ai eu une relation avec Mlle Lewinsky qui n'était pas appropriée. En fait, c'était mal. J'ai induit les gens en erreur, y compris ma femme. Je le regrette profondément. » En se soumettant à cet acte de contrition, le président des États-Unis, ses avocats et ses proches collaborateurs espèrent sauver l'image de celui qui, après avoir nié sous serment toute relation sexuelle avec son ancienne stagiaire, a vu ses mensonges dévoilés au public.

Contexte historique

William Jefferson Clinton est né le 19 août 1946 à Hope, dans l'Arkansas, dans une famille pauvre. Son père décède avant sa naissance, et c'est dans une famille recomposée qu'il grandit, auprès d'un beau-père violent et alcoolique. Élève brillant, il est sélectionné avec d'autres lycéens pour rencontrer Kennedy à Washington en 1963, rencontre qui lui inspire sa vocation politique. Il obtient un diplôme de politique internationale à l'université de Georgetown, étudie deux années à Oxford avant d'être en 1973 diplômé de droit à Yale. C'est là qu'il rencontre Hillary Rodham, qu'il épouse en 1975. Procureur général de l'Arkansas en 1976, il devient en 1978 le plus jeune gouverneur d'État, fonction à laquelle il est réélu en 1984 et 1988.

Élaborant une synthèse des idées progressistes et conservatrices, il est désigné candidat du Parti démocrate en 1992. Jovial et charmeur, populaire auprès des jeunes et des Afro-Américains, ce représentant de l'« Amérique du centre » gagne l'élection contre le président sortant George H.W. Bush. Malgré divers scandales émaillant son premier mandat, tant dans le domaine de la vie privée (affaires Gennifer Flowers et Paula Jones) que dans celui de la vie publique (Whitewater, Travelgate, Filegate, collecte illégale des fonds du Parti démocrate en 1996), il est réélu en 1996 tandis que les républicains conservent les deux chambres du Congrès. Sa fin de mandat, qui coïncide avec une période de forte croissance économique, est ternie par l'affaire Lewinsky. En dépit de l'ampleur du scandale et de la procédure de destitution engagée en janvier 1999, les électeurs montrent, par le soutien qu'ils apportent aux démocrates, qu'ils souhaitent passer l'éponge. Bill Clinton reste aujourd'hui une des personnalités politiques les plus populaires dans le monde entier.

L'affaire Lewinsky a surgi sept mois plus tôt, dans le cadre de l'affaire Paula Jones. Cette ex-employée du gouvernement de l'Arkansas accusait Bill Clinton de l'avoir harcelée sexuellement alors qu'il était gouverneur. En 1991, lors de leur rencontre dans une chambre d'hôtel, il lui aurait demandé avec insistance de pratiquer une fellation. Les avocats de Paula Jones avaient cité à comparaître plusieurs femmes soupçonnées d'avoir eu des relations sexuelles avec Bill Clinton, dont Monica Lewinsky. Entrée à 22 ans à la Maison-Blanche en tant que stagiaire en juillet 1995, cette brune gironde avait nié avoir eu toute relation sexuelle avec le président, ce que celui-ci confirme à son tour lors de sa déposition sous serment le 17 janvier 1998. Ce jour-là, au sortir de l'audience, Susan Carpenter McMillan, conseillère de Jones, déclarait à la presse : « Clinton a un problème de braguette. Vous le comprendrez bientôt. »

C'est par le biais de Linda Tripp, ancienne employée de l'administration Bush et adversaire acharnée des Clinton, également convoquée à témoigner contre Bill Clinton dans l'affaire Paula Jones, que le scandale éclate. En avril 1996, Monica Lewinsky avait été éloignée de la Maison-Blanche et envoyée au Pentagone. L'un des bureaux voisins était occupé par Linda Tripp, à laquelle Monica révèle sa liaison passée avec le président, notamment lors de conversations téléphoniques que la confidente trouve rapidement utile d'enregistrer. Vingt heures de bandes audio échouent ainsi sur le bureau de Kenneth Starr, procureur conservateur et militant de la droite républicaine qui enquête depuis des années sur des malversations supposées du couple Clinton. Fort de ces nouvelles révélations, il obtient l'autorisation d'étendre son enquête à Monica Lewinsky.

« Même en faisant mes discours, je bande »

Alors que l'issue du procès Paula Jones est favorable au président Clinton – la plainte pour harcèlement est finalement rejetée par le juge en avril 1998 –, l'affaire Lewinsky se referme autour du président. Lors d'un rendez-vous avec Monica, Linda Tripp est équipée d'un micro, à la demande du procureur Starr. Ce jour-là, l'ancienne stagiaire révèle qu'elle s'apprête à mentir sous serment lors du procès Paula Jones au sujet de sa relation avec Clinton, et ceci à la demande de l'un des proches amis du président. En menaçant de cinq ans de prison la jeune femme pour parjure, le procureur obtient en échange de son immunité des aveux complets et de nouvelles preuves. Le 29 juillet, ABC News révèle l'existence d'une robe bleue conservant les traces de la semence présidentielle. Kenneth Starr peut désormais démontrer qu'il y a eu échanges sexuels entre le président et Monica Lewinsky – et donc, parjure – ainsi que tentative de subornation de témoin.

La presse, unanime, s'acharne dès lors contre le président, de même que les républicains du Congrès qui réclament sa démission. Or, tous les sondages le montrent, l'opinion américaine continue de distinguer l'homme du président – condamnant le premier, et non le second. En élisant Bill Clinton en 1992, les Américains connaissaient déjà son appétit sexuel frénétique – il avait avoué avoir eu dans sa jeunesse des « centaines de maîtresses ». Ils savaient aussi que leur président n'avait pas toujours été un époux irréprochable, car, durant la campagne, des journalistes avaient dévoilé que le gouverneur de l'Arkansas avait entretenu pendant douze ans une relation avec une chanteuse de cabaret, Gennifer Flowers. Et celle-ci ne tarissait pas d'éloges son ancien amant : « Au lit c'est un champion, je lui donne 9 sur 10, il ne pense qu'au sexe et il m'a souvent confié : "Même en faisant mes discours, je bande[1]". » En 1993, deux policiers de l'Arkansas déclaraient avoir participé à l'organisation des rendez-vous coquins de l'ancien gouverneur avec une douzaine de femmes différentes. Celui-ci avait donc été élu en connaissance de cause, moins pour ses qualités morales que pour ses promesses de relance économique. Durant ses six années de mandat, ses électeurs l'avaient vu se sortir des accusations concernant sa vie privée comme de celles l'associant aux affaires sur lesquelles enquête le procureur Starr.

Les Américains avaient aussi pu juger de ses talents de casuiste pour esquiver certaines attaques : durant la campagne de 1992, alors que ses opposants l'accusaient d'avoir déjà fumé un joint, n'arguait-il pas pour sa défense « ne pas avoir inhalé la fumée » ? Face aux accusations de Kenneth Starr, sa parade sera de la même veine. Pour le président, comme il l'a déclaré lors du procès Paula Jones et ainsi qu'il le répète le 17 août face au Grand Jury, il n'a pas eu de relation sexuelle avec Monica Lewinsky ; tout au plus, comme il l'avoue à la nation le même jour, une « relation inappropriée ». Il s'appuie pour cela sur la définition « alambiquée[2] » donnée aux « rela-

1. Cité dans *Sexe, mensonges et politiques* de Patrick Girard, Jean-Claude Gawsewitch éditeur, 2011.

2. Dans les mémoires qu'il fait paraître en 2004 sous le titre *Ma vie* (Odile Jacob), l'ancien président revient sur l'affaire : « Ce que j'ai fait avec Monica Lewinsky est stupide et immoral. J'en ai éprouvé un profond sentiment de honte, et j'ai toujours voulu le cacher. Dans ma déposition, j'ai tenté de nous préserver, ma famille et moi-même, contre ma propre bêtise et mon égoïsme. J'ai cru que cette définition alambiquée des "rapports sexuels" m'autorisait à agir de la sorte. »

Génération des *sixties*

Bill Clinton a toujours affirmé ne pas s'être parjuré en déclarant ne pas avoir eu de relations sexuelles avec Monica Lewinsky. Il l'affirma devant le Grand Jury : il n'y a pas de relations sexuelles sans pénétration, distinction qui selon lui est partagée par la plupart des Américains. Si une telle déclaration peut sembler très hypocrite en France, où le sexe oral passe certes pour un raffinement érotique, mais aussi pour une relation sexuelle, Clinton défend là un avatar de la sexualité préconjugale qui dominait aux États-Unis les codes amoureux jusque dans les années 1960. Durant le flirt, adolescents et jeunes adultes pouvaient se livrer à certaines caresses, assez codifiées, et pouvant aller assez loin du moment qu'il n'y avait pas pénétration, réservée au cadre du mariage. Dans les affaires Jones et Lewinsky, Bill Clinton reprend à son compte cette logique pour l'appliquer à une relation extraconjugale.

tions sexuelles » lors du procès Jones : « Une personne s'engage dans des "relations sexuelles" lorsqu'elle a sciemment des contacts avec les parties génitales, l'anus, les testicules, les seins, l'intérieur de la cuisse, ou les fesses de toute personne dans l'intention d'éveiller ou de satisfaire un désir sexuel. » Subtile argutie juridique pouvant se traduire ainsi : si Monica Lewinsky a effectivement pratiqué des fellations sur le président, elle a eu des relations sexuelles, mais pas lui…

Le rapport Starr, porno soft

Le 10 septembre 1998, à la veille des élections législatives, Kenneth Starr remet au Congrès le rapport qui analyse les onze motifs d'une procédure de destitution, notamment le parjure et l'obstruction à la justice. En 445 pages détaillées, auxquelles s'ajoutent 2 200 pages de documents réunissant les dépositions de 78 témoins, des bandes audio et vidéo, le procureur zélé fournit aux membres du Congrès des éléments précis pour juger de la nature exacte des relations entre Clinton et Monica Lewinsky. Aucun détail n'est écarté du rapport que le Congrès décide de mettre à la disposition du public via Internet – accompagné des mises en garde qui précèdent d'habitude les films pornographiques. Entre voyeurisme et écœurement, le monde entier découvre dans le menu détail les jeux sexuels du président de la première puissance mondiale. En France, le quotidien *Le Monde* décrit Starr comme un « monstre digne des rapports de l'Inquisition » ; ce qui ne l'empêche pas de publier un supplément de seize pages, dont dix consacrées aux relations entre Bill et Monica, et de connaître des ventes records.

Outre la description de la robe bleue tachée par le sperme de Clinton, le rapport détaille dix « rencontres » sexuelles entre le 15 novembre 1995 et le 24 mai 1997, dont neuf fellations pratiquées durant cette période par l'ancienne stagiaire dans les locaux attenants au Bureau ovale. Ou encore, morceau de bravoure du rapport, l'épisode du cigare que le président introduisit un jour dans le vagin de la demoiselle, avant de conclure l'expérience d'un anthologique : « Hmm, c'est bon. » Échanges de cadeaux, longues discussions au téléphone prenant parfois une tournure sexuelle, fellations furtives que le président refuse, à l'exception de deux fois, de mener à leur terme : loin d'un libertinage élaboré, le couple Bill-Monica semble avoir rejoué durant quinze mois un mauvais film érotique.

La bataille de l'*impeachment*

Le 19 décembre, alors même que les forces américaines viennent d'engager une série de frappes aériennes contre l'Irak, la Chambre des représentants, à majorité républicaine, se prononce pour la procédure d'*impeachment* devant le Sénat, l'autre composante du Congrès. Après celui du président Andrew Johnson en 1868, c'est le second procès en destitution dans l'histoire du pays.

Il apparaît pourtant bien vite que les républicains n'obtiendront pas assez de voix pour obtenir la destitution, au risque de transformer le procès en victoire pour la Maison-Blanche. Bien que le procès soit hautement médiatisé – les audiences sont retransmises en direct six heures par jour –, les Américains ne sont pas intéressés. Tout a été dit dans le rapport Starr, jusqu'à plus soif. Les républicains tentent un dernier coup d'éclat pour réveiller l'intérêt du public, et peut-être renverser l'opinion, majoritairement opposée à la destitution : convoquer Monica Lewinsky au Sénat pour des déclarations retransmises en direct à la télévision – au risque de transformer le « procès du siècle » en mauvais tabloïd. Mais un nouveau témoignage de Monica ne s'avère pas nécessaire. Le 12 février 1999, à l'issue des délibérations menées à huis clos, le président est acquitté après cinq semaines de procès.

Paroxysme des scandales sexuels aux États-Unis, le « Monicagate » a dès sa conclusion un impact important sur la vie politique et la société américaines. Pour tous les observateurs, la fonction présidentielle en ressort affaiblie. Il confirme aussi une modification de la société américaine, avec l'érosion d'une tradition puritaine érigée comme dogme moral. Et si, depuis 1974, année du scandale du Watergate, la « production » de la vérité par les journalistes exerçait une véritable emprise sur les politiques, l'ère Clinton semble dénoter un changement ; en véhiculant l'information à outrance, les médias ne constituent plus nécessairement des relais de l'opinion publique. En 1999, l'adultère n'est plus une faute politique majeure.

Silvio Berlusconi

Le président et son harem

Noemi, Ruby, Mara, Nadia, Nicole... Entre 2009 et 2011, les Italiens ont vécu au rythme des révélations sur les (jeunes) beautés dont était friand celui qui dirigeait alors le pays. Président du Conseil italien à trois reprises, Silvio Berlusconi a vu son dernier mandat entaché par différents scandales de mœurs. De « Rubygate » en soirées « bunga bunga », sa vie sexuelle a défrayé la chronique et lui a valu des démêlés avec la justice sans que jamais il ne songe à quitter le pouvoir.

La main dans le sac : et alors ?

« Il vaut mieux avoir la passion des belles femmes qu'être gay... » Contrairement à la plupart des hommes politiques qui, pris la main dans le pot de confiture, jouent la contrition et demandent pardon à leur femme et à leurs électeurs pour leurs frasques sexuelles, Silvio Berlusconi a toujours affiché en public une certaine fierté des multiples scandales qui ont émaillé son dernier mandat à la présidence du Conseil italien. Son goût pour les bimbos et les parties fines, il l'a toujours revendiqué, ne niant que les accusations qui pouvaient lui valoir des ennuis avec la justice. Lui, avoir des relations « épicées » avec une mineure ?

Contexte politique

Silvio Berlusconi est né le 29 septembre 1936 à Milan. Il se lance dans les affaires en devenant entrepreneur en bâtiment, et construit sa fortune sur des opérations immobilières. Il fonde Fininvest, holding à travers laquelle il diversifie ses activités. Berlusconi crée ensuite un véritable empire médiatique, comprenant plusieurs chaînes de télévision (regroupées dans Mediaset) et l'éditeur Mondadori. Il devient également propriétaire du club de football Milan AC. En janvier 1994, il démarre une carrière politique en créant Forza Italia, un parti de centre droit. En mars, allié à la droite dure, dont la Ligue du Nord, son parti sort vainqueur des élections générales et il est nommé à la présidence du Conseil italien par le chef de l'État, Oscar Luigi Scalfaro. Contraint à la démission en janvier 1995, il revient pour un second mandat de 2001 et 2006. Enfin, il retrouve son poste de chef du gouvernement en 2008 après la victoire aux élections générales anticipées de son nouveau parti, le Peuple de la liberté, né de la fusion entre Forza Italia et Alliance nationale, un parti plus ancré à droite.

Silvio Berlusconi a été poursuivi à plusieurs reprises devant la justice, notamment pour corruption, fraude fiscale et financement illégal de parti politique ; condamné plusieurs fois, il a toujours été relaxé en appel ou a bénéficié de la prescription.

Jamais de la vie, il l'a juré « sur la tête de ses enfants », ce qui n'a convaincu personne, même pas son épouse qui a demandé le divorce après qu'il se fut rendu à l'anniversaire d'une très jeune beauté napolitaine. On l'a accusé d'abus de pouvoir pour avoir fait libérer une autre demoiselle de ses connaissances accusée de vol ? Pas du tout, il ne voulait qu'éviter un « incident diplomatique » avec l'Égypte, croyant, prétendit-il, que cette danseuse du ventre était la nièce de Moubarak, alors président égyptien. Quant aux énormes sommes d'argent données à un homme mis en examen pour proxénétisme, Berlusconi ne les a versées que parce que ce respectable père de famille était « un ami, avec une femme et des enfants dans le besoin ». Et non pas parce que l'homme en question menaçait de révéler qu'il était le pourvoyeur en chair fraîche du président du Conseil pour ses fameuses soirées, comme le laissaient entendre des écoutes téléphoniques pourtant fort parlantes.

Jusqu'au bout, le Cavaliere, malgré les scandales à répétition, est resté en selle : il est devenu la risée des médias ; son peuple, qui l'a dans sa majorité soutenu longtemps, a fini par le lâcher, accablé par la honte d'être représenté sur la scène internationale par un homme moqué du monde entier ; mais c'est bien la crise, qui a frappé l'Italie comme le reste de l'Europe, qui a fini par contraindre Berlusconi à la démission, le 12 novembre 2011.

Les frasques de « Papi »

En avril 2009, Silvio Berlusconi est un homme comblé : milliardaire, cet homme d'affaires à la tête d'un empire médiatique est également président du Conseil. Sa cote de popularité est au zénith, le personnage haut en couleur est très populaire dans son pays, même si une minorité déplore ses idées comme ses manières et l'accuse, entre autres, de collusion avec la Mafia. On sait l'homme amateur de belles femmes, et la presse s'est maintes fois gaussée des poupées qu'il a prises sous son aile et auxquelles il a donné des responsabilités politiques. Ainsi Mara Carfagna, surnommée « la plus belle ministre au monde », qui avant d'être ministre de l'Égalité des chances était surtout connue pour sa plastique irréprochable, qu'elle dévoilait généreusement à la télévision et sur des calendriers sexys. Mais les choses prennent une tournure plus scabreuse lorsque l'on apprend que le chef du gouvernement s'est rendu à l'anniversaire d'une blondinette napolitaine de 18 ans, Noemi Letizia. C'est la goutte d'eau de trop pour Veronica Lario, épouse de Silvio Berlusconi, qui avait déjà précédemment, par voie de presse, exigé les excuses publiques de son mari lorsqu'il avait déclaré au sujet de Mara Carfagna : « Si je n'étais pas déjà marié, je l'épouserais sur-le-champ. » Veronica demande cette fois le divorce, outrée que son époux « fréquente des mineures ». Celui-ci nie : il serait en fait un vieil ami de la famille de Noemi. Mais l'ex-petit ami de la jeune fille révèle que la demoiselle, pas encore majeure, avait été repérée sur photo par le Cavaliere qui l'avait invitée à passer quelques jours dans sa propriété en Sardaigne au Nouvel An 2008. Le président du Conseil sort de cette histoire sans trop de dommages, si ce n'est un surnom, « Papi » (Papounet), que lui donnait dans le privé la fraîche Noemi.

Les vierges et le dragon

En juin 2009, une certaine Patrizia d'Addario se répand dans la presse, enregistrements à l'appui, sur ses relations tarifées avec le chef du gouvernement italien. La call-girl se venge de l'homme politique, qui lui avait promis son aide pour un projet immobilier, puis un poste de députée européenne, alors qu'elle n'a obtenu qu'une place sur une liste aux municipales. La première, elle raconte publiquement les soirées chaudes qu'affectionne le Cavaliere. Malgré ces révélations sulfureuses, Berlusconi demeure à la tête du Conseil : après tout, la prostitution n'est pas illégale en Italie, et la belle est majeure. Mais ce n'est pas le cas de Ruby, de son vrai nom Karima El Mahroug. Arrêtée pour vol en mai 2010, celle qui est officiellement danseuse orientale est relâchée après l'intervention du chef du gouvernement auprès des autorités. C'est Nicole Minetti qui vient la chercher à la sortie du commissariat. Cette ancienne assistante dentaire – et ex-modèle pour photos sexys – aurait rencontré le président du Conseil lorsqu'elle s'est occupée de ses dents cassées après son agression par un déséquilibré en décembre 2009. Devenue une protégée de Berlusconi, elle a été propulsée conseillère régionale de Lombardie. La rumeur de l'étonnante remise en liberté de Ruby fuite, et les révélations vont alors se succéder dans la presse d'opposition, comme *La Repubblica* et *L'Espresso*. On apprend que le Cavaliere s'adonne dans ses villas d'Arcore, près de Milan, et de Sardaigne à des parties fines baptisées « bunga bunga », qui lui auraient été inspirées par Kadhafi. Les participantes sont des jeunes filles attirées par l'argent et la possibilité de faire carrière dans la politique ou de devenir une *velina* – une de ces jolies plantes purement décoratives qui agrémentent les programmes télévisés berlusconiens. La déclaration de Veronica Lario, lors de sa demande de divorce, sur les « figures de vierges qui, en quête de succès et de notoriété, s'offrent au dragon », prend tout son sens. Ruby aurait été l'une d'entre elles, alors qu'elle était encore mineure.

La justice s'intéresse de près aux possibles relations sexuelles de Berlusconi avec Ruby avant sa majorité, actes qui tomberaient sous le coup de la loi. Le « Rubygate » éclate, et tout le pays bascule dans la *comedia dell'arte*. La demoiselle jure n'avoir eu aucun rapport sexuel avec Berlusconi, qu'elle « admire » et qui lui a « évité de terminer dans la rue ou d'être obligée de faire un boulot indécent ». « Je voudrais lui dire merci du fond de mon cœur, vous êtes un gentleman, quel dommage que les gens ne sachent pas qui vous êtes vraiment », déclare-t-elle à la télévision. Des écoutes téléphoniques demandées par le parquet prouveront qu'il lui a versé d'importantes sommes d'argent pour qu'elle garde le silence.

Des G20 au « bunga bunga »

Si Ruby nie, d'autres sont moins discrètes. Les Nadia, Alessandra, Barbara ou Iris ont la langue bien pendue, devant les caméras de télévision ou lors de leurs conversations téléphoniques interceptées par la justice. La presse se repaît des anecdotes croustillantes qui filtrent des retranscriptions des appels. Les détails des soirées « bunga bunga » régalent tout le pays, et au-delà de ses frontières. On découvre des scènes dignes des fameuses orgies romaines, avec un Berlusconi papillonnant au milieu d'un essaim de jeunes femmes peu ou pas vêtues, prêtes à satisfaire tous ses caprices ou ceux de ses invités. Une certaine Nadia Macri décrit un Berlusconi aux anges, honorant plusieurs participantes à la file, criant « en avant, suivante ! » dès qu'il en a fini avec une d'elles. Elle parle aussi de conséquentes sommes (5 000 euros pour une nuit !) que lui aurait versées le président.

Au fil des révélations, l'organisation de ces bacchanales se dessine : Emilio Fede, journaliste et présentateur vedette du JT sur une chaîne berlusconienne, et Lele Mora, imprésario de starlettes, auraient servi de rabatteurs, faisant miroiter une carrière télévisuelle et d'autres avantages aux jeunes beautés. Ils seront poursuivis pour incitation à la prostitution. L'ancienne assistante dentaire,

Nicole Minetti, dont on apprend qu'elle participait activement aux « bunga bunga », est bientôt accusée d'avoir géré le « bordel » du Cavaliere, des appartements à Milan où étaient logées les filles sélectionnées pour son plaisir.

Les retranscriptions des conversations téléphoniques entre le président du Conseil et un certain Gianpaolo Tarantini font aussi le bonheur des lecteurs et des internautes. Cet entrepreneur de Bari sera accusé d'avoir recruté entre juillet 2008 et mai 2009 une trentaine de femmes pour les soirées très spéciales de Berlusconi. Au cours d'un appel, celui-ci demande à Tarantini de ne pas les choisir « trop grandes parce qu'on est petits » ; et de préciser « deux filles par personne [...] puis, on se les prête. La chatte doit tourner ». Lors d'un autre appel, il se vante : « Hier soir, elles faisaient la queue devant ma chambre. Il y en avait onze. Je ne m'en suis fait que huit parce que je n'en pouvais plus. » Et l'autre de le flatter : « Mais qu'est-ce que vous faites aux femmes ? Je n'ai jamais vu personne qui les rende aussi folles. »

« Je baise, c'est la seule chose que l'on puisse dire »

Tarantini (tout comme son comparse Valter Lavitola, propriétaire du journal *Avanti !*, qui œuvrait pour Berlusconi et qui quittera le pays quand la justice commencera à s'intéresser à lui) sera poursuivi pour incitation à la prostitution, mais aussi pour « extorsion de fonds » après avoir soutiré des grosses sommes d'argent (on parle de 800 000 euros) à Berlusconi contre de fausses déclarations. Mais au procès, Berlusconi assurera avoir fait simplement un « prêt à un ami ». Malgré tout ce déballage, le président du Conseil n'envisage pas de quitter ses fonctions. Il continue à fanfaronner, multipliant les plaisanteries douteuses et les déclarations de mauvais goût. À Lavitola, il assure : « Je ne fais rien qui puisse être considéré comme un délit. On peut dire de moi que je baise, c'est la seule chose que l'on puisse dire. » Pourtant, la pression se fait forte : des manifestations sont organisées dans le pays pour défendre la « dignité de la femme » et dénoncer l'image de simple objet sexuel qu'on lui attribue dans l'Italie de Berlusconi. Le Vatican, qui s'est tu très longtemps, manifeste sa désapprobation lorsque l'on apprend que le Cavaliere demandait parfois aux participantes des « bunga bunga » de se déguiser en nonnes lubriques. L'opinion est plus encore choquée par les propos du président du Conseil qui, lors d'un appel enregistré à la demande des magistrats, a fustigé l'Italie, « ce pays de merde qui me donne envie de vomir ».

Les mises en examen, les critiques et les demandes de démission n'ébranlent pas la détermination de Berlusconi, qui s'accroche à son poste. Il a tous les pouvoirs : le pouvoir politique, mais aussi celui de l'argent. Il peut acheter les témoins, s'offrir les services des meilleurs avocats, et ses médias – chaînes de télévision et journaux – le défendent bec et ongles. Malgré les scandales, il se serait probablement maintenu à la présidence du Conseil jusqu'aux élections législatives de 2013 si l'Italie n'avait pas subi de plein fouet la crise de la dette qui a frappé l'Europe. À l'automne 2011, le temps est à l'austérité, et le pays doit rassurer ses partenaires européens, pour lesquels Berlusconi a perdu toute crédibilité. Lâché par certains de ses députés, il perd la majorité au Parlement et finit par démissionner.

Nicolas Sarkozy

Fenêtre ouverte sur la vie privée

Premier président en plein exercice exposant sa vie amoureuse, Nicolas Sarkozy a offert aux Français tous les ingrédients d'un soap, ces mélodrames télévisuels où le sexe, l'argent et le pouvoir sont les maîtres mots. Divorce, remariage express et bébé élyséen ont marqué le quinquennat d'un président ayant choisi la pipolisation comme mode de communication politique.

Le pouvoir de séduire

Pour tous ceux qui le côtoient, un constat s'impose : Nicolas Sarkozy aime séduire, et cette entreprise de séduction est à l'œuvre dès l'adolescence et les premières années d'engagement politique. Séduire les cadres du RPR, parti dans lequel il s'est engagé dès sa création en 1976 et dont il devient dès les années 1980 l'une des figures incontournables, mais aussi séduire les femmes. Servi par une verve et un volontarisme peu communs, il réussit très bien dans les deux domaines, que ce soit à la faculté de Nanterre ou à la mairie de Neuilly où le tout jeune conseiller municipal fait ses armes.

En août 1984, c'est en qualité de maire de cette ville que Nicolas Sarkozy célèbre le mariage d'un Neuilléen célèbre,

Contexte historique

Issu par son père d'une famille de la petite noblesse hongroise, Nicolas Sarközy de Nagy-Bocsa grandit à Paris puis à Neuilly-sur-Seine. Avocat de formation, il s'engage au sein du Rassemblement pour la République (RPR) de Jacques Chirac dès sa création, en 1976. Il bâtit dans le département des Hauts-de-Seine sa carrière électorale : maire de Neuilly-sur-Seine de 1983 à 2002, député des Hauts-de-Seine (1988-1993, 1995-2002) et président du Conseil général (2004-2007). En 1995, alors jeune ministre du Budget, il s'éloigne de Jacques Chirac pour s'engager auprès d'Édouard Balladur, dont il devient le directeur de campagne. À la suite de l'élection de son ancien mentor, il connaît une traversée du désert qui prend fin en 2002, lorsqu'il se voit octroyer le stratégique ministère de l'Intérieur. Nommé ministre de l'Économie, des Finances et de l'Industrie en mars 2004, il quitte le gouvernement pour prendre les rênes de l'Union pour un mouvement populaire (UMP). Il retrouve le portefeuille de l'Intérieur lors de la formation du gouvernement dirigé par Dominique de Villepin, en mai 2005. Seul candidat de l'UMP pour la succession de Jacques Chirac à la présidence de la République en 2007, il est élu le 6 mai 2007 avec 53,06 % des suffrages contre son opposante socialiste Ségolène Royal.

l'animateur vedette Jacques Martin, et de Cécilia Ciganer-Albéniz, arrière-petite-fille du compositeur Isaac Albéniz. La mariée est jeune, belle, le maire est envoûté – mais il est marié. Deux ans plus tôt, il a épousé Marie-Dominique Culioli, militante à l'UDR et nièce d'Achille Peretti, alors maire de Neuilly. Originaire de Vico, en Corse, elle lui a ouvert les portes de la bourgeoisie neuilléenne, mais aussi celle du clan politique corse bien implanté dans les Hauts-de-Seine – Charles Pasqua, d'ailleurs, a été le témoin du marié.

Nicolas Sarkozy ne perd pas pour autant de vue l'objet de son coup de foudre, car les deux couples s'entendent à merveille. Le maire est régulièrement invité à l'enregistrement de l'émission de Jacques Martin, offrant aux spectateurs de chaleureuses congratulations télévisuelles, et les deux femmes deviennent les meilleures amies du monde. Bref, les Martin et les Sarkozy se fréquentent, mais pas toujours en tout bien tout honneur. En 1988, au lendemain d'un week-end à Megève « entre amis » où Nicolas quitte en catamini la chambre de Cécilia par la fenêtre alors que son épouse tambourine à la porte, le couple Sarkozy chavire. Les deux amants finissent par quitter leurs conjoints respectifs. Enfin, après huit années de procédure de divorce, Nicolas Sarkozy épouse Cécilia en 1996.

La touche glamour

Au moment de son deuxième mariage, Nicolas Sarkozy connaît une traversée du désert. En opérant un virement a priori stratégique en soutenant Édouard Balladur durant la campagne présidentielle de 1995, ce proche des Chirac a misé sur le mauvais cheval. Mais désormais, avec Cécilia à ses côtés, son ambition semble sans limite. N'en déplaise à ceux qui raillent depuis toujours sa petite taille, celui que l'on surnomme "Monsieur Talonnettes" au Palais-Bourbon a épousé un ancien mannequin cabine de chez Schiaparelli, longue en jambes, le regard bleu et les pommettes hautes. Une présence qui lui donne des ailes. Cécilia l'accompagne d'ailleurs souvent dans ses déplacements, le remplace même parfois à Neuilly lorsqu'il ne peut assister à un événement ou à une réception.

En 2002, après la réélection de Chirac, Sarkozy est nommé ministre de l'Intérieur. Cécilia, dont le bureau jouxte le sien place Beauvau, devient une alliée précieuse dans la conquête du pouvoir. Associée aux discussions avec le titre de « conseillère spéciale » –, elle modère l'image de cet époux quelque peu emporté et dont l'ambition sans fard dérange parfois. Elle est la carte féminine, plus douce et plus mesurée. Elle apporte à Sarkozy une dose de glamour dont le présidentiable usera sans détour, et jusqu'à la caricature. En témoigne ce reportage photo organisé pour *Paris-Match* où les Sarkozy posent en famille place Beauvau dans une mise en scène faisant référence à la célèbre photo des Kennedy dans le Bureau ovale. Bientôt Cécilia ne sera plus là, mais le futur président semble adopter la glamour-attitude comme devise. Les femmes que Nicolas Sarkozy séduira seront dès lors belles et célèbres.

Vaudeville à l'Élysée

Au printemps 2005, à quelques mois du début de la campagne présidentielle, Cécilia rejoint à Pétra l'homme d'affaires marocain Richard Attias, rencontré en 2004 lorsque celui-ci avait été chargé d'organiser le congrès pour l'investiture de Sarkozy à la tête de l'UMP. Les médias évoquent immédiatement les « problèmes familiaux » du ministre de l'Intérieur et présidentiable. À la télévision, le 26 mai 2005, le futur président joue la transparence et déclare : « Comme des millions de familles, la mienne a connu des difficultés. Ces difficultés, nous sommes en train de les surmonter. » Sauf qu'au cœur de l'été, le magazine *Paris-Match* consacre sa une à Cécilia, photographiée au côté de son amant à New York. Cette image non autorisée sonne pour le présidentiable la fin du dévoilement stratégique de la vie privée, et déclenche sa fureur. Mais en plein orage, comment rétablir la frontière entre la sphère intime et la vie publique après l'avoir si habilement effacée ? Une autre problématique prend le pas sur les autres : un candidat à la fonction présidentielle peut-il être célibataire ? Et surtout, Nicolas Sarkozy peut-il supporter d'offrir au français la vision d'un homme trahi, abandonné et peut-être même affaibli ?

La réalité, d'ailleurs, est toute autre : car si l'humiliation est totale et la blessure sincère, le mari bafoué trouve le réconfort auprès d'une journaliste officiant au service politique du *Figaro*. Le futur président ne tient pas réellement à dissimuler cette histoire, bonne pour son image, et la nouvelle compagne est installée dans l'appartement de fonction place Beauvau. Des photos sont prêtes pour officialiser, le moment venu, l'image du couple ; il semble même que le président pense mariage. Mais, fin 2005, Cécilia revient. C'est le début d'un chassé-croisé entre l'épouse et la journaliste, au gré des départs et des retours de Cécilia. Finalement, Mme Sarkozy accepte d'accompagner son mari jusqu'à l'Élysée, avec quelques ratés dans le contrat, puisqu'au second tour de l'élection, elle n'ira pas voter. Le soir du 6 mai, alors que Nicolas Sarkozy célèbre dans le champagne sa victoire en compagnie de politiciens, d'industriels et de stars du show-biz au Fouquet's, Cécilia tarde à paraître. Elle déclarera à ses proches : « La totalité des femmes rêverait d'être à ma place et moi je rêve de me tirer. » Aussi envié soit-il, le personnage de première dame lui paraît sans doute trop codifié. Pour elle, le nouveau président accepte de casser quelques règles : ainsi, à la fin de la cérémonie d'investiture, lorsqu'elle foule le tapis rouge entourée de ses deux filles, l'orchestre militaire entame pour elle *Asturias*, le cinquième mouvement de la célèbre *Suite espagnole* composée par l'arrière-grand-père, Isaac Albéniz. Et alors que le président Sarkozy salue quelques célébrités, les caméras saisissent sans difficulté ces mots que lui souffle Cécilia : « On a bousculé le protocole. Ça, j'adore. » Un protocole auquel elle se dérobe de manière étonnante et peu discrète, comme lors de leurs luxueuses vacances aux États-Unis, à l'été 2007, où Nicolas Sarkozy arrive seul au déjeuner que les Bush ont organisé pour eux. Le président français s'excuse auprès de ses hôtes, sa femme a une « angine blanche ». Sauf que la veille et le lendemain, la malade est vue faisant son shopping, en short et au vu de tous, en pleine forme. Outre-Atlantique, l'angine blanche circule comme une mauvaise plaisanterie.

Le modèle Kennedy

Image de la jeunesse, du charisme et de l'énergie (politique et sexuelle), John Fitzgerald Kennedy serait-il un modèle pour Nicolas Sarkozy ? S'il n'évoque guère le parcours politique du président américain, l'homme politique français aime à tisser des parallèles avec sa vie privée. « Elle est belle comme Jackie », se plaisait à dire Nicolas Sarkozy en parlant de sa deuxième épouse, Cécilia. À partir de 2004, alors qu'il s'engage dans la course présidentielle, le couple offre aux médias une mise en scène soignée de sa vie privée, à l'américaine. Sarkozy dit d'ailleurs à ses amis : « On va jouer les Kennedy. » Le soir de sa victoire, aux convives réunis au Fouquet's, le président déclare : « Vous avez aimé Jackie Kennedy ? Vous allez adorer Cécilia Sarkozy. » Mais, comme dans le scénario américain, la First Lady est éclipsée par une star du show-biz. Lors de sa rencontre avec Carla Bruni en novembre 2007, le président célibataire fantasme déjà sur le couple qu'ils pourraient former, chuchotant à la jeune femme : « Tu verras, nous ferons mieux que Marilyn et Kennedy. » Un souhait presque satisfait lorsque, au lendemain de la visite à la reine d'Angleterre en mars 2008, Carla, jeune et belle épouse de gris vêtue et au bibi rétro, est comparée par les médias à l'élégante Jackie.

Carla chasseresse

Cécilia finit par quitter définitivement Nicolas Sarkozy en octobre 2007, et le divorce est très discrètement prononcé en quelques jours. La France connaîtra-t-elle son premier président non marié ? Dans les semaines qui suivent, Sarkozy repousse frénétiquement la solitude en multipliant les intermèdes. Il s'entoure pour combler le vide, invite l'actrice Eva Green qui, pourtant, ne l'a jamais croisé, à l'accompagner dans son jet privé lors d'un voyage officiel à Washington. Les rumeurs circulent sur la liaison possible du président avec une présentatrice de journal télévisé. De toute évidence, la place de première dame est à prendre, et vite. Finalement, elle est remportée en quelques semaines par Carla Bruni, chanteuse, ex-top model et bourreau des cœurs : musiciens, chanteurs, acteurs, intellectuels de tous bords, ses conquêtes sont nombreuses et bien connues. Un tableau de chasse qui n'effraie pas le président et qui, sans doute même, le flatte. La rencontre a lieu en novembre 2007 à l'occasion d'un dîner organisé par le publicitaire Jacques Séguéla. Après un marivaudage ayant fort réjoui les convives, le président aurait chuchoté dans l'oreille de l'ancien top model : « Carla, es-tu cap' devant tout le monde de m'embrasser sur la bouche ? » Dans son *Autobiographie non autorisée*[1], Jacques Séguéla s'attarde plaisamment sur cette rencontre, dépeignant le président et la jeune femme comme « deux fauves, chacun, tour à tour, marquant son territoire en titillant l'autre ».

Aux journalistes qui lui reprochent de trop afficher sa vie privée, le président affirme lors d'une conférence de presse donnée le 8 janvier 2008 s'inscrire « en rupture avec une tradition déplorable d'hypocrisie » des précédents présidents français, allusion non cachée à l'ancien président socialiste François Mitterrand. Interrogé sur un possible mariage, il déclare avec la rhétorique simple et franche qu'il a fait sienne depuis son élection : « Avec Carla, c'est du sérieux. » Le 2 février 2008, le mariage est célébré à l'Élysée : quatre mois se sont écoulés depuis le divorce.

Amour, gloire et paternité

Devenue première dame, l'ex-star des podiums adopte un nouveau rôle. Dans la vie du président, elle sera une épouse discrète. Lors de la visite officielle au Royaume-Uni en mars 2008, dans son manteau et avec son bibi d'un gris très sage, un peu rétro, on la voit exécuter à la perfection son rôle au côté du chef de l'État. Mais le souvenir du mannequin flamboyant est dans les esprits, et,

1. Plon, 2009.

où qu'elle aille, les objectifs des caméras et des appareils photo sont focalisés sur elle.

Après des années d'une vie amoureuse dissipée et largement médiatisée, le président et son épouse charmante doivent désormais convaincre leurs compatriotes qu'ils peuvent mener une vie de couple plus traditionnelle. La tâche n'est pas aisée. En janvier 2008, les confidences de son ex-femme, Cécilia, sont rendues publiques par une journaliste du *Point*[1]. Une phrase entre toutes retient l'attention : « Nicolas est un sauteur [...]. Il y a les nanas qu'il saute et dont il ne se rappelle même plus le prénom. » Quant à Carla Bruni, les journaux reprennent à l'envi sa confession faite en février 2007 au *Figaro Madame*, peu de temps avant sa rencontre avec son futur mari : « Je suis monogame de temps en temps mais je préfère la polygamie et la polyandrie. » Un terreau favorable aux spéculations et aux rumeurs.

En 2010, à partir de quelques phrases jetées sur Internet, les médias du monde entier prêtent à l'épouse une liaison avec un chanteur, au président une aventure avec l'une de ses ministres. Les choses prennent une telle ampleur que la première dame se sent obligée d'intervenir sur une radio française « pour éviter qu'une affaire qui n'a aucune importance prenne des proportions [...] ridicules ». Mais quel meilleur démenti apporter à ces ragots qui disent le couple au plus mal, qu'un bébé ? Après avoir été le premier président français en exercice à divorcer, le premier à se remarier, Nicolas Sarkozy est aussi le premier à avoir eu un enfant pendant son séjour à l'Élysée. Depuis le 19 octobre 2011, il a une nouvelle femme dans sa vie. Elle s'appelle Giulia.

1. Anna Bitton, *Cécilia*, Flammarion, 2008.

Dominique Strauss-Kahn

L'insatiable

Jamais avant DSK le mélange sulfureux de la puissance politique et de la puissance sexuelle n'avait atteint cette ampleur. Après l'affaire du Sofitel de New York, qui laissa une opinion sidérée partout dans le monde et une vie politique bouleversée en France à un an de la présidentielle, l'affaire du Carlton de Lille qui éclate fin 2011 révèle un homme prisonnier de ses pulsions, au point de ruiner sa carrière.

Explosion en plein vol

Le 14 mai 2011, c'est le coup de tonnerre. Le directeur général du FMI, candidat socialiste pressenti pour l'élection présidentielle française de 2012, vient d'être arrêté à New York pour acte sexuel criminel, tentative de viol et séquestration sur une employée de l'hôtel Sofitel à Manhattan. Durant trois mois, Nafissatou Diallo, femme de chambre guinéenne, et Dominique Strauss-Kahn sont les héros d'un vaudeville sinistre ayant pour cadre le décor de l'impitoyable justice américaine. Aux images d'un homme mis à terre, menotté et offert aux caméras avant d'être transféré à la prison de Rikers Island succèdent celles d'un tout-puissant, qui, grâce à la richesse de son épouse,

Contexte historique

Né en 1949 à Neuilly, Dominique Strauss-Kahn, surnommé DSK, poursuit des études brillantes en droit public et en sciences économiques, discipline qu'il enseigne aux universités de Nancy et de Nanterre ainsi qu'à l'École nationale d'administration avant d'entrer en 1982 au Commissariat général au plan. Élu député PS de Haute-Savoie en 1986, puis du Val-d'Oise en 1988, il est nommé en 1991 ministre délégué à l'Industrie et au Commerce extérieur, année où il épouse en troisièmes noces Anne Sinclair, journaliste et petite-fille d'un grand marchand d'art parisien dont elle a hérité une importante fortune. En 1997, le Premier ministre Lionel Jospin nomme DSK ministre de l'Économie, des Finances et de l'Industrie, poste dont il démissionne deux ans plus tard après avoir été mis en cause dans trois dossiers politico-financiers.

Blanchi en 2001 et réélu député du Val-d'Oise, il devient l'un des ténors du Parti socialiste. Représentant la sensibilité social-démocrate, il participe en 2006 aux primaires de son parti pour l'élection présidentielle de 2007 et arrive derrière Ségolène Royal. Le 1er novembre 2007, il prend ses fonctions à la tête du Fonds monétaire international, à Washington, et parvient à en redresser l'image discréditée. Auréolé de son bilan à la tête de l'institution, il envisage de concourir à la présidentielle française de 2012. En mai 2011, alors qu'il s'apprête à rejoindre l'Europe et à se déclarer auprès des Français sur ses intentions, il est arrêté à New York dans le cadre de l'affaire du Sofitel.

bénéficie d'une résidence surveillée placée sous le signe du plus grand luxe. Quant à la victime présumée, et en dépit d'un rapport médical indiquant des violences sexuelles, elle est prise au piège des contradictions de son témoignage tandis que lui sont reprochés ses mensonges faits lors de sa demande d'asile politique en 2004.

Le 1er juillet, face au manque de fiabilité de la victime, le procureur Cyrus Vance recule et abandonne les charges, même si les traces de sperme et d'autres éléments attestent une « relation sexuelle précipitée ». « Nafitassou Diallo reste la victime d'un viol, quand bien même elle aurait commis des erreurs », clame son avocat. Les soupçons d'agression sexuelle n'ont en effet pas été démentis dans les faits. Mais telle est la justice américaine qui, dans sa brutalité, accepte avec la même rapidité les déclarations conduisant à la déchéance d'un homme que ceux qui, trois mois plus tard, lui rendent la liberté. Début septembre, c'est un Dominique Strauss-Kahn souriant qui foule le sol parisien ; un homme qui, la voix grave, exprime en direct sur TF1 ses excuses auprès de sa femme et des Français pour l'affaire new-yorkaise et cette « relation inappropriée ».

« À part ma vie sexuelle libre, rien à me reprocher »

En France, la sidération laisse place au malaise. Dans les premiers temps, on a bien évoqué çà et là l'hypothèse d'un complot ; et, sans doute, ce soupçon aurait eu la vie dure si l'accusation de viol avait touché un autre. Mais il concerne un homme dont le talon d'Achille a toujours été le sexe. Depuis ses débuts en politique, DSK n'a jamais mis de frein à sa libido, envoyant des rafales de textos à telle assistante lui ayant tapé dans l'œil, invitant telle autre journaliste à prolonger les interviews dans une ambiance plus intime. Et avec un succès proportionnel à la multiplicité des tentatives. Le petit milieu parisien, qui se raconte dans les dîners les innombrables écarts de l'homme politique, laisse de temps à autre filtrer du bout de la plume sa tendance à la drague appuyée. Trop appuyée même, frôlant le harcèlement, au point que dans certaines rédactions, on n'envoie plus les journalistes féminines l'interviewer.

Sa « vie sexuelle libre », DSK l'affiche un peu partout. Lors de soirées échangistes – en 2003, le *Nouvel Observateur* publie un encadré détaillant l'arrivée d'un ancien ministre dans un lieu libertin de la capitale, et nombreux sont ceux qui y voient un portrait de l'ancien ministre de Lionel Jospin –, dans les avions où les hôtesses d'Air France se plaignent de commentaires et de gestes déplacés, et même au bois de Boulogne ! Une note administrative rédigée par un policier aurait été transmise à l'Élysée signalant « la présence, en décembre 2006, de M. Strauss-Kahn en fâcheuse posture dans une voiture à l'ouest de Paris ». Autant de grain à moudre que l'homme politique offre sur un plateau à ses détracteurs : mais, tradition française oblige, on ne touche pas à la vie privée. Et, officiellement, DSK n'a pas franchi la ligne rouge.

Certes, il est bien question dès 2002 d'une mésaventure dont une jeune journaliste aurait fait les frais. Engagée dans la rédaction d'un livre sur les échecs des personnalités politiques, elle rencontre DSK à l'adresse où il lui a donné rendez-vous. Surprise, il s'agit d'un appartement avec pour tout mobilier un grand lit et une télévision. Très vite, l'interview tourne mal. Un livre, *Sexus politicus*[1], rapporte en 2006 l'épisode, sans nommer la jeune femme – Tristane Banon, fille d'une membre du Parti socialiste proche de

1. Christophe Deloire et Christophe Dubois, *op. cit.*

DSK –, qui livre en 2007 le détail de l'épisode dans l'émission *93, Faubourg Saint-Honoré* animée par Thierry Ardisson. Elle y décrit, ni plus ni moins, son agression sexuelle par un « chimpanzé en rut ». Le passage est diffusé mais le nom de DSK est bipé. Les accusations sont graves, et, pourtant, elles ne seront pas relayées par les médias.

Anne Sinclair, l'épouse de DSK depuis 1991, n'est pas une oie blanche. La journaliste, qui fréquente les rédactions où circulent les rumeurs, ne peut pas ignorer grand-chose des turpides de son mari. Lors d'un entretien que le couple accorde en juin 2006 au magazine *L'Express*, alors qu'on lui demande si elle souffre de la réputation de séducteur de son époux, elle répond : « Non ! J'en suis plutôt fière ! C'est important de séduire pour un homme politique. » La libido insatiable serait donc un signe de bonne santé, de capacité à relever les batailles politiques. L'ancienne journaliste affiche un soutien sans faille même lorsque est révélée, en octobre 2008, la liaison de son mari avec l'une de ses subordonnées au FMI, l'économiste hongroise Piroska Nagy. Sur son blog, elle rassure tout le monde : « Nous nous aimons comme au premier jour. »

Le gouvernement des sens

Quelques mois avant l'affaire du Sofitel, DSK évoquait devant des journalistes les trois cibles dont il pourrait faire l'attaque une fois candidat déclaré à l'élection présidentielle de 2012 : « Le fric, les femmes et ma judéité. » Et d'ajouter : « Oui, j'aime les femmes, et alors ? [...] Depuis des années on parle de photos de partouzes géantes, mais je n'ai jamais rien vu sortir... Alors qu'ils les montrent ! » L'affaire Piroska Nagy, qui révélait aux Français les faiblesses du socialiste et faillit lui coûter son poste au FMI, aurait dû pousser DSK à la prudence. Ce ne fut pas le cas.

Depuis 2009, DSK a donné libre court à ses activités libertines, en dépit du bon sens. L'affaire du Carlton de Lille, au départ une affaire de proxénétisme impliquant des notables lillois et des maisons closes en Belgique, conduit en octobre 2011 les enquêteurs jusqu'à Washington. Au bout de la piste, ils découvrent le double agenda du directeur du FMI, qui, entre deux obligations professionnelles, profitait des parties fines organisées et financées pour lui par deux hommes d'affaires lillois. En privilégiant parfois les secondes aux premières. Ainsi, le 25 janvier 2010, lors de la traditionnelle galette qui réunit économistes et employés français du FMI et de la Banque mondiale, DSK ne tirait point les rois : invoquant une grippe, il rejoignait ses compagnons lillois et d'autres jeunes femmes à l'hôtel W. Le lendemain, il faisait visiter le siège du FMI à l'une des participantes – une prostituée belge – qui immortalisait la balade en se faisant photographier sur les genoux du directeur de l'institution. Point de répit, même en voyage. « Veux-tu (peux-tu) venir découvrir une magnifique boîte coquine à Madrid avec moi (et du matériel) ? » demande par SMS Dominique Strauss-Kahn à l'un de ses complices lillois. À Paris, le restaurant l'Aventure ou l'hôtel Murano étaient le lieu de rendez-vous très privés, comme ce soir du printemps 2010 où quatre demoiselles profitent tour à tour de la bonne santé du président du FMI. C'était l'usage, semble-t-il : « Dans ces soirées, toutes les filles passaient par DSK », précise l'une de ces participantes. Pour elle, il y eut onze « petites sauteries » en six ans, sans compter celles où elle n'était pas conviée, car l'hôte spécial de ces soirées appréciait le changement.

Décortiqué pour les besoins de l'enquête sur l'affaire du Sofitel, l'emploi du temps du directeur du FMI révèle son insatiabilité. À deux jours de son arrestation à New York, il s'accordait avec son équipe lilloise du bon temps à l'hôtel W de Washington. Ironie de l'agenda, sa porte-parole assurait à ce moment-là devant les médias qu'il était « pleinement concentré sur son travail » ! À New York, une mystérieuse femme blonde lui tient compagnie dans les heures qui précèdent le drame avec la femme de chambre. Et lorsqu'il embarque sur le vol New York-Paris, c'est un homme serein et égal à lui-même qui apprécie à haute voix la qualité de l'équipage : « Quel beau cul ! » s'exclame-t-il à l'adresse d'une hôtesse quelques minutes avant son arrestation.

Les dessous du libertinage

Échanges de textos, écoutes téléphoniques et témoignages des participantes aux parties fines offrent le portrait déroutant d'un libertin compulsif, toujours en quête de nouvelles expériences. Les participantes des soirées américaines et parisiennes évoquent tantôt un homme « très attentionné avec les femmes », « jamais violent », tantôt un « gros cochon » adepte des « rapports brutaux avec sodomie ». Mais c'est Christiane Mansouret, vice-présidente (PS) du conseil de l'Eure – et mère de Tristane Banon ! –, qui offre le portrait le plus circonstancié. Avec des mots choisis : « Nous étions juste copains et tout d'un coup, hop ! on me saute dessus, on me renverse, on me soulève la jupe et, appelons un chat un chat, pas par le côté habituel. » C'était, bien sûr, avant l'incident survenu à sa fille en 2003 et pour laquelle cette dernière porte finalement plainte en juillet 2011 (après avoir requalifié les faits en « agression sexuelle », le parquet de Paris classe la plainte sans suite en raison de la prescription de trois ans).

Interrogée par les policiers, l'une des call-girls qui rendit visite à DSK à Washington affirme qu'il était « content de nous voir, nous, Français, qui assumons nos choix libertins ». Petit bémol dans ce tableau d'un libertinage revendiqué et assumé : ces demoiselles étaient pour la plupart des prostituées, et celles qui ne l'étaient pas ont également été généreusement « dédommagées » à chaque prestation par les organisateurs de ces soirées, qui faisaient par ailleurs prendre en charge par leur société tous les frais liés à ces joyeux déplacements. DSK le savait-il ?

Si beaucoup de questions parmi les plus triviales ont trouvé leur réponse, il en est une qui demeure : comment un homme chargé des plus hautes fonctions et visant la présidence française a-t-il pu jouer ainsi avec le feu, céder à ses pulsions en imaginant que ses innombrables frasques sexuelles n'entacheraient en rien sa stature publique ? Par inconscience, goût du risque ou sentiment d'impunité ?

John Profumo

Sexe, politique et espionnage au royaume de Sa Majesté

En pleine guerre froide, l'affaire Profumo mêle scandale politique, affaire de mœurs et roman d'espionnage. Elle mit fin à la carrière politique du ministre de la Guerre de Sa Gracieuse Majesté, John Profumo, éclaboussa de nombreuses personnalités du gouvernement et de la noblesse britannique, et fit finalement vaciller le pouvoir conservateur britannique.

Coups de feu à Wimpole Mews

En décembre 1962, un incident fait la une des gazettes londoniennes. Sept coups de feu ont été tirés dans une ruelle de Londres, au beau milieu d'un quartier chic. Les tirs visaient l'appartement d'un certain Stephen Ward, inconnu du grand public, mais célèbre dans les hautes sphères du pouvoir et de la noblesse britanniques. Ministres et ambassadeurs, nobles et têtes couronnées, hommes d'affaires et célébrités du show-biz font appel à ses talents d'ostéopathe. Cet homme charmant, à l'intelligence vive, est également artiste : excellent dessinateur, il a croqué le portrait des membres de la famille royale pour l'*Illustrated London News* puis a couvert le procès Eichmann en 1961 pour le *Daily Telegraph*. C'est enfin un « aimant à femmes », un homme aux mœurs volontiers libertines, qui

Contexte historique

Portés dans les années 1950 par la figure de Winston Churchill, les conservateurs sont depuis près de dix ans au pouvoir lorsque, en 1960, le Premier ministre Harold Macmillan (1894-1986) nomme John Profumo au ministère de la Guerre. Né en 1915, cet homme brillant a mené une carrière politique sans faute. Issu d'une famille d'aristocrates italiens arrivés en Grande-Bretagne dans les années 1880, il a étudié à Harrow et à Oxford avant de devenir, à la veille de la Seconde Guerre mondiale, le plus jeune député élu au Parlement. À son retour du front, où il s'est distingué durant la campagne d'Afrique, Profumo a été décoré de l'ordre de l'Empire britannique et a les faveurs du palais de Buckingham.

Lorsque Profumo intègre le gouvernement Macmillan, le monde est en pleine guerre froide : l'année 1961 voit débuter la construction du mur de Berlin tandis qu'à la fin de l'année 1962, la dramatique crise des missiles de Cuba place la planète face à l'imminence d'une guerre nucléaire. Chaque pays place ses espions et tente de débusquer ceux que l'ennemi a réussi à infiltrer sur son territoire : c'est dans ce contexte tendu qu'éclate le scandale.

aime s'entourer de jeunes beautés qu'il partage volontiers avec ses amis de la haute société.

À son domicile logent justement deux demoiselles aux mœurs légères, Mandy Rice-Davis et Christine Keeler, danseuses seins nus et call-girls. Les coups de feu ont été tirés par un Jamaïquain, amant éconduit de Christine, qui fricote aussi bien avec le beau monde qu'avec des petites frappes. Le cocktail est réjouissant pour les journalistes : un ostéopathe proche de l'*establishment*, des call girls et un Jamaïquain vendeur de marijuana !

La call-girl et le ministre

En enquêtant sur les activités de call-girl de la jeune femme, les policiers voient surgir parmi la liste de ses amants des personnalités haut placées. Parmi elles, John Profumo, ministre de la Guerre au sein du gouvernement Macmillan. Étoile montante du parti conservateur, John Profumo, qui est aussi membre du Conseil privé de la reine, semble promis aux plus hautes sphères du pouvoir britannique lorsque éclate le scandale. C'est aussi un homme comblé en amour : en 1954, il a épousé l'actrice Valerie Hobson, élégante beauté irlandaise célèbre depuis son rôle épouvanté et poétique dans *La Fiancée de Frankenstein* de James Whale (1935).

Christine Keeler et Profumo ont fait connaissance par une chaude journée de l'été 1961 à Cleveden, chez lord Astor – le meilleur ami de Stephen Ward. La rencontre fut d'emblée placée sous le signe du libertinage. Profumo et lord Astor arrivaient au bord de la piscine lorsque Christine sortit de l'eau, totalement nue, après que Ward lui eut dérobé son maillot de bain. Les invités, qui suivaient de peu leur hôte, eurent droit à un étonnant spectacle : une jeune fille en tenue d'Ève tentant de dissimuler son corps sous une petite serviette, et poursuivie par les deux hommes. Déjà, le ministre était conquis par la naïade. La relation, qui débuta quelques jours plus tard, dura trois ou quatre mois jusqu'à ce que Profumo y mette fin.

Espionnite aiguë

Les enquêteurs découvrent qu'à la même époque, Christine Keeler compte parmi ses amants réguliers l'attaché principal de la marine soviétique à Londres, Evgueni Ivanov, soupçonné d'espionnage. L'affaire de mœurs prend une tout autre tournure. En pleine guerre froide, jusqu'où ont pu aller les confidences sur l'oreiller ? D'autant que, depuis le mois d'octobre 1962, une autre affaire d'espionnage ébranle le pays : William Vassal, un fonctionnaire de l'amirauté britannique, vient d'être condamné à dix-huit ans de prison pour avoir livré des documents secrets à l'URSS. Le gouvernement est sur le qui-vive : il se dit que l'espion britannique aurait été sacrifié par le KGB pour que soit protégé un autre, plus haut placé.

Face aux rumeurs de plus en plus fortes, le député travailliste George Wigg interpelle la Chambre des communes. John Profumo doit s'expliquer sur sa liaison et sur ses conséquences possibles pour la sécurité nationale. Le 22 mars 1963, le ministre de la Guerre fait une déclaration dans laquelle il nie toute relation « inconvenante » avec la call-girl. « Ma femme et moi avons fait sa connaissance en juillet 1961, au cours d'un week-end à Cliveden, chez lord Astor. Au nombre des invités se trouvait M. Ivanov... Mais je n'ai jamais eu de relations coupables avec Miss Keeler. »

Si cette déclaration semble convaincre le Premier ministre et la Chambre, il n'en est pas de même pour les journalistes, qui s'arrachent les témoignages de Christine Keeler, chèrement monnayés. Oui, elle a été la maîtresse de Profumo – d'ailleurs, elle conserve des lettres qui le prouvent. Oui, elle a été la maîtresse d'Ivanov. Et comme les révélations les plus extravagantes sont les plus lucratives, elle ajoute force détails et affabule volontiers : Stephen Ward lui aurait demandé, un jour où elle devait rencontrer Profumo, de découvrir la date à laquelle les Américains devaient fournir des ogives nucléaires à l'Allemagne de l'Ouest.

Alors que Christine Keeler devient la star des médias,

Mandy Rice-Davis décide d'avoir sa part du gâteau. Elle vend à plusieurs journaux le récit détaillé de sa vie avec Christine et Stephen Ward, et décrit d'incroyables orgies impliquant des noms importants du royaume, comme lors d'un dîner où un homme nu et masqué – soit-disant un proche de la reine – servait les invités tel un véritable esclave...

À l'étranger aussi la presse se déchaîne, jusqu'aux États-Unis où, sous le titre « La nouvelle pornocratie », *Newsweek* dénonce « une sorte de parlement mondial des prostituées, proxénètes, pervers sexuels, organisateurs d'orgies et maîtres chanteurs, sans oublier les libidineux agents soviétiques ». Et l'on murmure que l'une des plus hautes personnalités du pays aurait été citée dans l'affaire Profumo-Keeler. Il est vrai que Christine Keeler a fait en 1962 un saut à New York, et que le président Kennedy s'y trouvait alors. Connaissant les appétits sexuels du président, la Maison-Blanche s'inquiète. Hoover, directeur du FBI, prend la rumeur très au sérieux, car il soupçonne avec horreur l'existence d'un réseau international de call-girls contrôlé par le KGB.

La chute de Profumo et ses conséquences

Au mois de juin, l'affaire prend un nouveau tournant. Stephen Ward est arrêté pour proxénétisme tandis que Lucky Gordon, un autre amant de Christine Keeler, doit comparaître pour des coups portés à son ancienne maîtresse. La presse et le public attendent avec impatience les révélations au sujet des parties fines du docteur Ward et des personnalités qui y participent. Tout l'*establishment* est compromis. Le 4 juin 1963, devant la chambre parlementaire, John Profumo reconnaît avoir menti sur ses relations avec Christine Keeler et donne sa démission du gouvernement.

Jamais depuis 1936, année où le roi Édouard VIII avait renoncé au trône pour l'amour de Wallis Simpson, une actrice américaine, le Royaume-Uni n'avait été ainsi ébranlé. Le 11 juin, dans un article dévastateur pour le gouvernement, le vénérable *Times* avance que onze années de pouvoir conservateur ont miné le pays, « tant psychologiquement que spirituellement ». Définitivement entaché par le scandale, le gouvernement conservateur perd les élections législatives de 1964 au profit des travaillistes dirigés par Harold Wilson.

Stephen Ward et le MI5

Le 22 juillet 1963 s'ouvre le procès de Stephen Ward pour proxénétisme. L'accusation cherche à prouver que, parmi d'autres filles, Christine Keeler et Mandy Rice-Davis travaillaient pour lui – ce qui, vraisemblablement, n'était pas le cas. Mais dans cette affaire, il faut un bouc émissaire. Et Stephen Ward, qui pourtant ne manque pas d'amitiés haut placées, est lâché par tous. Il est vrai que le personnage devient encombrant, y compris pour le MI5 : dès 1961, le service de renseignement britannique avait approché l'ostéopathe pour qu'il les aide à « retourner » l'espion russe Ivanov. D'autre part, pendant la crise des missiles de Cuba, fin 1962, Ward aurait été un intermédiaire officieux chargé de transmettre des informations entre les Russes – via Ivanov – et les Britanniques. Le dernier jour de son procès, convaincu que le verdict lui sera fatal, il confie à un journaliste : « Ce procès est un règlement de comptes politique. Il fallait sacrifier quelqu'un, et ce quelqu'un, c'est moi. » Puis il retourne chez lui et se suicide.

Profondément atteint dans son honneur, John Profumo renonça à la vie politique et s'engagea dans l'action caritative au sein de l'association Toynbee Hall, qui vient en aide aux personnes défavorisées de l'Est londonien. En 1975, il est fait commandeur de l'Empire britannique pour son action caritative et est totalement réhabilité en 1995 à l'occasion du 70e anniversaire de Margaret Thatcher, qui le place à côté de la reine et le présente comme l'« un des héros de la nation ».

John Profumo, qui resta marié à Valerie Hobson, ne revint jamais sur cette affaire, pas même à l'occasion de la publication des mémoires de Christine Keeler (qui inspirèrent en 1989 le film *Scandal* de Michael Caton-Jones). Lorsqu'il décède en 2006, Tony Blair déclare : « On se souviendra de lui pas seulement pour les événements qui ont brisé sa carrière, mais surtout avec respect et gratitude pour ce qu'il a fait dans sa vie par la suite. »

Moshé Katsav

Le « président violeur »

Durant plus de cinq ans, l'affaire de mœurs impliquant Moshé Katsav, président de l'État d'Israël de 2000 à 2007, a captivé l'opinion israélienne. Le 7 décembre 2011, l'ancien homme d'État se présentait à la prison de Maasiyahu pour purger sa condamnation à sept ans de prison pour viol.

Un parcours sans faute ?

Le 31 juillet 2000, Moshé Katsav, député du Likoud (parti de la droite libérale et conservatrice israélienne) et ancien ministre, est élu par la Knesset (le Parlement israélien) à la tête de l'État d'Israël face à l'ancien Premier ministre travailliste Shimon Peres. Premier président de droite de l'État d'Israël, l'homme, alors âgé de 55 ans, est un modèle d'ascension sociale pour nombre de juifs issus des milieux populaires, et notamment ceux venus du Moyen-Orient et d'Afrique du Nord. Né en Iran et arrivé en Israël alors qu'il n'était qu'un enfant, ce Séfarade s'est hissé des quartiers populaires aux plus hautes sphères du pouvoir.

En 2006, entre les tensions politiques internes, le durcissement des positions des colons au sujet de la bande de Gaza et le conflit au Sud-Liban contre le Hezbollah, les affaires privées du président sont loin des préoccupations

Contexte historique

Né le 5 décembre 1945 en Iran, Moshé Katsav immigre en Israël à l'âge de 5 ans avec sa famille. Il passe son enfance à Kyriate Malakhi, dans des conditions modestes puisque sa famille vit dans un camp de toiles réservé aux nouveaux immigrants. Il rejoint le Likoud et, en 1969, devient le plus jeune maire du pays, débutant ainsi une carrière politique marquée par une spectaculaire ascension sociale. Investi député à la Knesset en 1977, il occupe dès 1981 diverses fonctions ministérielles, et notamment dans le gouvernement de Benjamin Netanyahou de 1996 à 1999 où il sera ministre du Tourisme, président de la Commission ministérielle pour les événements nationaux et ministre pour les Affaires du secteur arabe-israélien. En juillet 2000, il succède à la présidence de Benjamin Netanyahou en étant élu par la Knesset contre le candidat Shimon Peres, devenant le premier président issu du Likoud. En 2006, il est accusé de viol sur une ancienne employée. Le 11 novembre 2011, il est condamné lors de son procès en appel à purger sept ans de prison ferme.

des Israéliens. Aussi la plainte pour chantage qu'il dépose en juillet 2006 passe-t-elle d'abord inaperçue. Selon lui, une de ses anciennes secrétaires le fait chanter en l'accusant faussement de l'avoir violée dans son bureau de Tel Aviv, puis dans un hôtel de Jérusalem.

L'arroseur arrosé

Suite à la plainte, la police israélienne mène son enquête et découvre que le président a tenté d'intimider la jeune femme – A. ou Aleph, son identité ne sera jamais révélée –

pour la faire taire. L'ouverture d'une enquête pour viol en juillet 2006, le jour du déclenchement de la guerre lancée par Israël au Liban contre le Hezbollah, fait peu de bruit. Mais les choses s'emballent dès que la deuxième chaîne de télévision israélienne révèle l'affaire. Deux autres jeunes femmes accusent bientôt Moshé Katsav d'agressions répétées et de harcèlement sexuel durant sa présidence. Trois mois plus tard, elles sont dix à témoigner des mêmes types d'outrages.

Moshé Katsav, sous ses airs de grand-père débonnaire, serait donc coutumier des faits. L'accusation est lourde, ce qui n'empêche pas certaines personnalités très haut placées d'en sourire : « Saluez de ma part votre président. Il nous a vraiment surpris », lâche un Vladimir Poutine goguenard et presque admiratif au Premier ministre Ehud Olmert, alors en visite au Kremlin. Et d'ajouter en aparté : « Je l'ai rencontré. Il n'a pas l'air d'un type qui pourrait être avec dix femmes à la fois. »

En octobre, les pressions contre le président se précisent : la police recommande son inculpation pour viol, harcèlement sexuel et conduite indécente. Il est également soupçonné d'avoir eu recours à des écoutes interdites et usé de fraudes diverses. En janvier 2007, Moshé Katsav s'exprime durant une conférence de presse de près d'une heure, retransmise par toutes les chaînes de télévision du pays. Au côté de son épouse, Gila, il se dit victime d'un complot ourdi par l'élite ashkénaze, déclare être « la cible de l'une des pires attaques de l'histoire de l'État d'Israël » et n'avoir « commis aucun des actes que l'on [lui] a attribués ».

Un procès à rebondissements

Le président, qui bénéficie d'une immunité dans le cadre de ses fonctions, ne peut pas passer devant les tribunaux tant qu'il demeure à la tête de l'État – à moins d'une procédure de destitution initiée par la Knesset ou d'une démission. La première, engagée le 9 mars 2007 devant les députés, n'aboutit pas, faute de majorité des voix. Quant à la démission réclamée par de nombreux députés dès 2006, le président ne l'accepte finalement que le 29 juillet 2007, soit deux jours avant la fin officielle de son mandat présidentiel. Mais dès fin juin, à l'approche de cette échéance qui doit mettre fin à son immunité, Moshé Katsav a passé un accord avec le procureur général de l'État d'Israël : en reconnaissant « sa responsabilité dans une longue série de délits sexuels, notamment harcèlement et actes indécents » contre deux de ses ex-employées, et en reconnaissant avoir « exercé des pressions sur un témoin », il peut échapper contre dédommagement financier aux victimes à l'accusation de viol (jusqu'à seize ans de prison) et réduire sa condamnation à une peine de prison avec sursis.

L'avocate de A., la principale plaignante, s'insurge : ce « compromis est un message regrettable aux violeurs ». L'ancienne collaboratrice du président sort alors de son silence. Lors d'une conférence de presse, les caméras retransmettent l'image d'une jeune femme blonde et mince. Le visage flouté, elle raconte d'une voix parfois tremblante son histoire, avec des détails précis et pour le moins crus. « Il pouvait m'appeler à 7 h 30 le matin pour me demander ce que je comptais porter ce jour-là. – “Tu pourrais mettre une jupe, mais sans sous-vêtements dessous." » Au bureau, des commentaires d'un genre particulier viennent interrompre les séances de travail : « Tu me fascines. J'ai rêvé de toi hier soir en faisant l'amour à ma femme, Gila. » Puis des actes succèdent aux mots : « Chaque matin, cet homme s'asseyait à son bureau, sortait son pénis, l'agitait et me demandait de m'asseoir à côté de lui et de le toucher. » Lorsque, après un nouveau geste déplacé, elle ne se présente pas au bureau durant quelques jours, il l'appelle, la menace « de faire de sa vie un enfer » si elle ne revient pas travailler. Puis un jour, dans le bureau où elle est venue déposer un dossier, il lui dit : « Je te veux, je veux faire l'amour avec toi, je veux du sexe et tu n'as aucune raison de dire non. » Le viol aurait eu lieu ce jour-là.

Si le témoignage ne vaut pas preuve, l'opinion est secouée. Des organisations israéliennes de défense des libertés civiles et de défense des droits des femmes déposent un recours auprès de la Cour suprême qui accepte d'examiner la validité de ce compromis. Le 30 juin 2007, 25 000 personnes manifestent dans Tel Aviv. Finalement, la Cour suprême suspend l'application du compromis. Le procès pour harcèlement sexuel et viol s'ouvre le 8 avril 2008.

Parole contre parole

La condamnation de Moshé Katsav est historique. C'est, d'abord, la première fois qu'un homme d'État israélien est condamné à une peine de prison ferme et qu'une personnalité politique du pays est condamnée à une peine aussi lourde pour des délits sexuels. Mais surtout, dans cette affaire, les juges israéliens ont dû arbitrer sur la seule parole des deux parties. Ils ont choisi de croire les femmes, employées subalternes, plutôt qu'un président. Le tribunal a rejeté tous les arguments présentés par la défense de Moshé Katsav, et ce rejet a été formulé par les juges sans fioritures : « Votre version des faits est un tissu de mensonges. » Enfin, ce verdict est d'autant plus remarquable qu'il émane d'un pays où 60 % des hommes et 40 % des femmes excluent la notion de viol lorsqu'une connaissance est impliquée.

Une condamnation historique

Des audiences, qui débutent le 1er septembre à huis clos, peu de détails filtrent, car les dépositions des victimes restent protégées. Quelques rares témoignages sont dévoilés au public, tel celui d'un proche collaborateur de l'ancien président qui vient corroborer les dires des plaignantes. Alors que la tentative de ses avocats pour transformer la relation de Moshé Katsav avec A. en une aventure consentie prend l'eau et que le sort de l'ancien président semble scellé, les langues se délient chez certains journalistes et hommes politiques israéliens : depuis des années, Moshé Katsav n'avait pas bonne réputation concernant son attitude vis-à-vis de ses subalternes féminines, et des rumeurs de viols circulaient contre lui alors qu'il était ministre du Tourisme. Le quotidien *Yediot Aharonot* avait même commencé une enquête, enterrée lorsque le principal intéressé s'était présenté au poste de président de l'État...

À l'issue du procès, Katsav est condamné en mars 2011 à neuf ans de prison, dont sept fermes, pour deux viols, deux actes indécents dont un avec usage de la force, et pour harcèlement sexuel. La peine est confirmée lors du procès en appel, le jeudi 10 novembre 2011, la Cour suprême déclarant que l'ancien président « s'est servi de son statut pour perpétrer ses crimes » et que « la sentence rendue contre lui est justifiée ».

Le 7 décembre 2011, lors de son arrivée à la prison de Maasiyahu, à Ramlan, Moshé Katsav déclare : « On enterre un homme vivant. » Alors que certains se rangent de son côté et crient au complot, d'autres saluent la démonstration d'impartialité de la justice d'Israël.

Conclusion

Depuis la naissance des démocraties modernes au XVIIIe siècle, la vie privée de l'homme politique et ses mœurs font débat : doivent-ils être pris en compte dans la vie politique ? Dans la tradition politique américaine, la vie privée occupe une place importante dans la sphère publique et, depuis les années 1980, les carrières des sénateurs, des candidats et même des présidents se font et se défont au gré de leurs accidents biographiques. L'affaire Lewinsky ne fut en 1997 que l'épisode le plus spectaculaire d'une pratique courante outre-Atlantique.

En Europe, et en France en particulier, la séparation entre le privé et le public est plus tranchée. La tradition du secret, celle d'une certaine hypocrisie aussi, a longtemps perduré. Au temps de Giscard ou de Chirac, la convenance l'emportait encore sur la réalité des choses. La première rupture fut toutefois initiée par François Mitterrand qui, à la fin de sa vie, permit que soit révélée aux Français l'existence de sa fille cachée, Mazarine, officialisant du même coup l'existence d'une aventure extraconjugale dans la vie d'un chef d'État. Certes, Mitterrand utilisa de nombreux moyens pour que soit maintenu durant vingt ans le silence sur cette affaire, mais cela ne fut possible que grâce à la complicité des médias, qui, au nom du respect de la vie privée, acceptèrent de ne rien dire. Une telle situation serait-elle possible aujourd'hui, à l'heure où les informations circulent à la vitesse d'un « tweet » et sans que soit nécessaire l'accord préalable d'un rédacteur en chef ?

En ce début de XXIe siècle, le clivage entre les conceptions américaine et française du rapport à la vie privée s'amenuise peu à peu. Les politiques communiquent plus volontiers autour de leur vie privée, comme on le vit en France durant la campagne présidentielle de 2007 où Nicolas Sarkozy donna une place essentielle à son couple dans la construction de son image de candidat, ses problèmes conjugaux prenant après son élection les allures d'une affaire d'État. Du côté des médias, comme on l'a vu avec les affaires Strauss-Kahn, le respect de la vie privée a fait long feu, même en France.

Avec la personnalisation des campagnes politiques, la compétition croissante des médias et la place acquise par les tweets, forums sociaux et autres modes de communication instantanée sur Internet, la séparation entre vie publique et vie privée tend inexorablement à disparaître. Les aventures sexuelles des politiques n'ont pas fini de faire parler. À moins que ceux qui nous gouvernent, sans tomber dans le puritanisme, ne s'imposent d'eux-mêmes certaines limites : « Une volonté libre et une volonté soumise à des lois morales sont une seule et même chose », écrivait Kant.

Table

PREMIÈRE PARTIE
L'ANTIQUITÉ

DEUXIÈME PARTIE

LE MOYEN ÂGE

TROISIÈME PARTIE

LA RENAISSANCE

QUATRIÈME PARTIE

LES TEMPS MODERNES

CINQUIÈME PARTIE
L'ÉPOQUE CONTEMPORAINE

SIXIÈME PARTIE
LE XXe SIÈCLE

SEPTIÈME PARTIE
UNE SOCIÉTÉ HYPERMÉDIATISÉE

RÉALISATION : NORD COMPO À VILLENEUVE-D'ASCQ
IMPRESSION : NORMANDIE ROTO S.A.S. À LONRAI
DÉPÔT LÉGAL : JUIN 2012. N° 107544 (121925)
IMPRIMÉ EN FRANCE